经济管理类核心课程系列规划教材

浙江省"十四五"普通高等教育本科规划教材

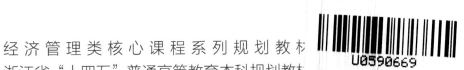

STATISTICS
统计学

成定平　◎主编
彭武珍　◎副主编

ZHEJIANG UNIVERSITY PRESS
浙江大学出版社

图书在版编目(CIP)数据

统计学 / 成定平主编. —杭州：浙江大学出版社，
2018.12(2025.1 重印)

ISBN 978-7-308-18561-5

Ⅰ.①统… Ⅱ.①成… Ⅲ.①统计学—教材 Ⅳ.
①C8

中国版本图书馆 CIP 数据核字(2018)第 196017 号

统计学

成定平 主编

责任编辑	李 晨	
责任校对	赵 珏 杨利军	
封面设计	春天书装	
出版发行	浙江大学出版社	
	(杭州天目山路 148 号 邮政编码 310007)	
	(E-mail：zupress@mail.hz.zj.cn)	
	(网址：http://www.zjupress.com)	
排 版	杭州隆盛图文制作有限公司	
印 刷	浙江新华数码印务有限公司	
开 本	787mm×1092mm 1/16	
印 张	12	
字 数	292 千	
版 印 次	2018 年 12 月第 1 版 2025 年 1 月第 5 次印刷	
书 号	ISBN 978-7-308-18561-5	
定 价	33.00 元	

前　　言

党的二十大报告强调了高质量发展和创新驱动发展战略,这些目标的实现离不开科学的数据支持与统计分析。报告指出要强化统计监测体系,提高统计数据的质量和时效性,深化统计改革,确保数据的真实性和准确性。此外,报告还提到了加快数字化发展,推进数据资源整合和开放共享的重要性,这对统计教学提出了新的方向和要求。本教材旨在培养学生的统计思维与技能,使学生理解统计学的基本理论框架,掌握入门的统计分析方法,也为学生进一步深入学习更系统、更专业的统计分析方法打下良好的基础,使学生能够适应新时代的需求,为国家的现代化建设贡献力量。

本教材作为浙江省普通高校"十三五"新形态教材,在编写过程中,在保证统计学内容完整性和理论系统性的基础上,试图体现以下两方面的特色。

一是实用性。本教材更注重实际应用,书中采用了大量实际数据案例。本教材中的数据尽量采用实际数据,以保证真实性和时效性,数据有出处的尽量标明出处;本教材在每一章后面都附有详细的操作步骤,使学生不仅了解统计学的相关原理,还能掌握统计分析的具体操作方法。考虑到学生尤其是非统计专业学生在日常工作学习中,更多是使用 Excel 而非专业统计软件来进行数据的处理和分析,因此本教材给出的是 Excel 操作步骤,让学生真正做到学以致用。

二是新颖性。本教材适应经济社会发展的形势,正确反映现代教育思想,体现改革精神,融合互联网新技术,结合教学方法改革,创新教材形态,通过移动互联网技术,以二维码为载体,嵌入练习题、课件、视频、音频、拓展资源、主题讨论等数字资源,将教材、课堂、教学资源三者融合,实现线上线下结合的教育新模式。由于时间原因,本版教材仅提供了部分课外资源(习题、课件),其他资源如视频、音频等将在后续的版本中逐步增加和完善。

本教材共分九章,由浙江财经大学东方学院数据科学系的老师编写完成。其中第一章由徐朝晖编写,第二章由李毓君编写,第三章由成定平编写,第四章由张锐编写,第五章由彭武珍编写,第六章由淦苏美编写,第七章由徐航时编写,第八章由洪倩茹编写,第九章由李伟编写。成定平负责全书的总体框架设计和总纂,彭武珍和淦苏美参与了全书的校对工作。

本教材的内容体系是在现有统计学教材和统计学领域众多优秀研究成果的基础上编撰而成的,在此谨向以上成果的研究者们表示真挚的感谢!

非常感谢浙江省高等教育学会教材建设专业委员会将本书列为浙江省普通高校"十三五"新形态教材。非常感谢浙江大学出版社在本教材的编写与出版过程中给与的全力支持和帮助。

由于时间、编写水平所限,本教材中的错误和不足之处难免,恳切希望同行、专家和广大读者批评、指正。

成定平

2024 年 1 月 10 日

目　　录

第一章
总 论

课件

我们经常可以看到或听到这样的新闻(或消息),如"美元指数自 2016 年 12 月达到最高 103.8095 点之后,到 2017 年 9 月下跌至 91.0188 点,下跌幅度达到 12.32%";"2017 年 10 月份全国居民消费价格指数(CPI)和工业生产者出厂价格指数(PPI)数据显示,CPI 环比上涨 0.1%,同比上涨 1.9%,PPI 环比上涨 0.7%,同比上涨 6.9%";"IHS 数据显示,2016 年华为以 1.39 亿台智能手机的出货量领跑了中国手机品牌,oppo 手机则以 9500 万台的出货量排名第二,其 R9 单品销量 2000 万台,vivo 手机则以 8200 万台的出货量排名第三,排名第四的是出货量为 5800 万台的小米手机。这些数据都包含了中国市场和海外市场";"某班统计学课程期末平均分数为 82.32 分,不及格率 4.56%"。也可以看到这样一些报告,譬如"北京大学中国社会科学调查中心发布的《中国民生发展报告 2014》指出,2012 年中国家庭净财产的基尼系数达到 0.73,顶端 1% 的家庭占有全国 1/3 以上的财产,底端 25% 的家庭拥有的财产总量在 1% 左右";"西南财经大学中国家庭金融调研中心发布报告称,2010 年中国基尼系数为 0.61,在全世界处于较高的位置。根据世界银行的数据,2010 年全球基尼系数平均为 0.44";"美国知名调查机构皮尤研究中心 2008 年进行了一项调查,在 24 个国家中,中国人对本国发展方向和经济状况最为乐观,中国国民满意度排名第一,86% 的受访者表示他们对国家的发展感到满意,82% 的受访者对中国目前的经济状况表示满意"。

这些都是机构、研究者等试图用数据来反映现象。这些数据有些是宏观的数据,有些是微观的数据;有些是客观事实,如统计局发布的宏观经济数据、手机出货量等,有些却是主观性的数据,如基尼系数、满意度等。主观性数据涉及的研究方法是否合理、科学,需要长期观察。这些数据如何获得、如何加工、有何作用,正是需要运用统计来解决的。

总之,作为信息收集、处理、展示、存储、传递、挖掘和利用的统计,已经渗透到人类活动的各个领域,成为人们认识世界、控制实践活动和进行科学研究必不可少的重要工具。

第一节　统计学概述

一、统计的含义和本质

统计 statistics 一词最早来源于拉丁语"status",其原意是指各种现象的状态和状况。后来由这一词根组成意大利语"stato",其意为国家的结构和国情方面的知识。最初统计只是一种计数活动,可以追溯到原始社会的结绳记事。随着国家的产生,统计工作主要是为统治者管理国家进行资料收集、数据提供,以帮助统治者掌握国家整体态势,更好地管理国家。随着人类社会、科技和统计理论的发展,统计的应用越来越广泛,不仅仅局限于社会、经济管理领域,在自然、社会、科技等领域中也得到大量运用。"统计"一词,在不同的场合已经被人们赋予不同的含义。一般认为,统计的含义有三种,即统计活动、统计数据和统计学。

统计活动是利用各种科学方法对数据进行收集、整理,并做出推断、分析、展示的活动,通常被划分为统计调查、统计整理、统计分析三个阶段。这三个阶段并没有非常明确的边界,不是完全独立的、固定的,实践中往往会有重叠。统计数据是统计活动的成果,即用以表现现象和个体特征的各种形式的数据。统计学则是系统地论述统计工作的理论和方法的科学,指导统计人员有效、适当地开展各种统计活动,是将统计实践活动的程序和组织、统计资料的加工和计算、统计分析的途径和方法,经过总结、归纳,上升为理论体系,形成的一门应用方法论。

统计的三种含义既有相对的独立性,又有密切的联系。统计活动是人们的统计实践,是主观反映客观的认识过程;统计数据是统计活动的成果。统计活动与统计数据是实践与成果的关系;统计学与统计活动则是理论与实践的关系。一方面,统计理论是统计活动中经验的总结,只有当统计活动发展到一定程度,才可能形成独立的统计学;另一方面,统计活动的发展需要统计理论的指导,有了统计理论的指导,我们能够更有效、合理地开展统计活动,统计学研究大大促进了统计实践水平的提高,统计活动的现代化和统计科学的进步是密不可分的。

统计与其他学科相结合才有其生命力,任何统计活动都有一定的针对性和研究对象,所以统计就是要围绕着研究目的和任务,运用科学的统计方法,界定研究对象,去获取研究对象真实客观的统计数据,进行适当的统计分析,以了解、认知研究对象的真相、本质、规律等。所以,统计的本质是关于为何统计、统计什么和如何统计的思想。

二、统计学的特点

从研究对象角度,统计学特点体现为数量性、总体性、差异性和具体性;从学科范畴角度看,统计学具有方法性、层次性、通用性的特点;从研究方式看,统计学具有描述性和推断性的特点。

一般来说,理解统计学主要从应用的角度来理解,即统计学是研究什么的。因此,主要从统计学的研究对象的角度来理解统计学的特点。统计学研究的是对象总体的数量特征和数量关系,即对对象总体数量方面的研究。首先从定性研究开始,然后进行定量分析,最后研究对象的本质、特征或规律,这就是质—量—质的研究过程和方法。

（一）数量性

一切客观事物都有质和量两个方面。统计学的研究对象是指统计研究所要认识的客体,用数量揭示客体各方面的特征,即各种能体现数量大小、数量关系、数量界限、数量规律等的特征。所以,统计学的首要特点就是数量性,就是在定性分析的基础上,运用定量分析研究,用统计数据来体现研究对象的特征。在社会经济研究中,经常用反映社会现象的规模、水平、结构、比例关系、差别程度、发展速度和效益等指标揭示事物的本质和规律性。这一特点将统计学和其他实质性社会科学（如政治经济学）区别开来。

（二）总体性

统计学是揭示研究对象整体的特征,即总体性。即从研究对象的总体出发,通过对现象中的构成元素（个体）,进行大量观察和综合分析,来揭示研究对象整体特征。也就是说,统计研究的最终目的不是探求个别事物的特征,而是探求许许多多个别事物共同体现出来的总体综合特征。当然,对研究对象整体的认识是以个体个别特征为基础,但不能以个体特征表现（往往具有特殊性和偶然性）来说明对象特征的一般性或者规律性。例如,统计部门进行城镇居民家计调查,目的不在于了解个别居民家庭的生活状况,而是要反映一个城市、一个地区甚至全国的居民收入水平、消费水平、消费结构等。

（三）差异性

由于个体特征之间存在特殊的、偶然的差异,所以有必要去挖掘掩盖在这些个体差异下的必然性或者规律性。差异性是统计研究的前提。统计学正是指导人们从这些千差万别的个体差异中概括出共同的、普遍的数量特征,并对差异做出必要的分析。

（四）具体性

统计学研究对象是客观存在的,而不是抽象的,探究研究对象的数量方面是指具体的数量方面,而不是抽象的数量关系,这是它不同于数学的重要特点。任何社会现象都是质量和数量的统一。一定的质规定一定的量,一定的量表现一定的质。因此,必须对社会现象质的规定有了正确认识后,才能统计它们的数量。数学是研究抽象的数量关系和空间形式,而统计则反映一定时间、地点条件下具体社会现象的数量特征,它是从定性认识开始,进行定量研究的。比如,只有对工资、利润的科学概念有了确切的了解,才能正确地对工资、利润进行统计。

统计学的具体性特点把它和研究抽象数学关系和空间形式的数学区别开来,但是统计在研究数量关系时,也大量运用了数学方法来刻画或者表现客观现象量变的规律。

三、统计学的产生和发展

统计是适应人类社会实践活动的需要而产生和发展的。最初的统计实践活动可追溯到原始社会一般的计数活动,随着社会生产力的发展和人类社会组织机构的建立与健全,人类的计数活动变得越来越频繁、普遍和复杂,特别是在国家出现之后,统治者为了实现国家管理的职能,需要对国家进行人力、物力和财力的清点计数,一种具有特定目的、特定程序和一定组织形式的总体计数活动——统计便出现了。然而,使人类的统计实践上升到理论予以总结和概括成为一门系统的学科——统计学,却只是近代的事情,距今只有300多年的历史。可见,统计学的产生和发展是与人类的文明历史、社会进步紧密相连的。国势学派的后期代表人物奥古斯特·路德维格·斯勒兹(August Ludwing von Schlozer,1735—1809)就曾说过:"统计学是静态的历史,历史是动态的统计学。"因此,循着计数—统计—统计学这条历史的、逻辑的线索去追溯和探索,将有利于我们了解统计学的研究对象和性质,学习统计学的理论和方法,提高我们的统计理论水平和统计实践能力。

在原始社会,人类最初的计数活动主要表现在人们对仅有的剩余劳动成果或其视线所及的劳动对象加以清点与计量,这便是统计的萌芽。在奴隶主国家,为了对内统治和对外战争的需要进行征兵、征税,于是开始了人口、土地和财产统计,统计活动就明显地被作为奴隶制国家的治国手段和管理的工具。例如,中国从公元前21世纪夏禹立国开始,统计不仅用于详细记录重大历史活动成果,而且还被新兴的奴隶制国家用作治国的手段。《史记》记载:"禹平水土,定九州,计民数。"意思是说,夏禹立国后就有了人口、土地等方面的统计。到了封建社会我国的统计已略具规模。战国时期卫国的商鞅(约公元前390年—公元前338年)辅佐秦孝公,使秦国变为一个"兵革大强,诸侯畏惧"的强国,就提出"强国十三数"。所谓"十三数"是指一个国家的基本国情国力,应该包括十三个方面的数字资料。《商君书》载,"竟内仓、口(府)之数,壮男、壮女之数,老、弱之数,官、士之数,以言说取食之数,利民之数,马、牛、刍、藁之数。欲强国,不知国十三数,地虽利,民虽众,国愈弱至削";至秦汉,已有地方田亩和户口的记录;唐宋则有计口授田、田亩鳞册等土地调查和计算;明清时期,建立了经常的人口登记和保甲制度;等等。

在西方,古埃在建造金字塔时,为了征集建筑费用,对全国的人口和财产进行了普查;古希腊于公元前就进行了人口普查;古罗马公元前就建立了出生、死亡登记制度;等等。不过,在奴隶社会和封建社会里,由于生产力水平很低,社会统计工作也只是为了适应奴隶主和封建主王朝实现赋税、徭役、征兵等需要而进行的人口、土地、财产等方面的原始登记和简单汇总计算。

统计广泛迅速地发展是在资本主义社会。资本主义社会取代封建社会后,商品经济占主导地位,社会分工日益精细,生产日益社会化,促使生产力迅速地发展起来。为了追求利润,必须加强企业的经营管理,严格统计核算;在激烈竞争中,要随时掌握国内外市场供求状况和价格行情;为了侵占和掠夺海外殖民地,也需要加强对各国国情、国力的了解。这就引起对情报、信息和统计的新的需要。统计已不限于人口、土地、财产等内容,它逐步扩展到了更为广泛的领域,产生了诸如工业、农业、商业、银行、保险、交通、邮电、外贸、海关等专业的社会经济统计。1830—1849 年,欧洲出现"统计狂热"时期,各国相继设立了统计机关和统计研究机构,统计成为社会分工中的一个独立的部门和专业。

随着统计实践的发展,客观上要求总结丰富的实践经验,使之上升为理论,并进一步指导实践,统计便作为一门科学应运而生。从 17 世纪下半叶开始,欧洲出现了一些统计理论著述,并在学术争鸣中逐步奠定了统计学的科学基础;20 世纪初至今,统计学在广采博纳、兼收并蓄中逐步发展成为现代的统计科学体系。从统计学的产生和发展过程来看,可以大致分为古典统计学、近代统计学和现代统计学三个发展时期。

(一)古典统计学时期

古典统计学时期是指 17 世纪中叶至 18 世纪中叶统计学的萌芽时期。当时主要有政治算术学派和国势学派这两大学派。

1. 政治算术学派

政治算术学派产生于 17 世纪资本主义的英国,代表人物为威廉·配第(William Petty,1623—1687)。威廉·配第在其代表作《政治算术》一书中,第一次用计量和比较的方法,从整体上分析了英国、法国、荷兰三国的经济、军事、政治等方面的实力。他用具体的数量、重量和尺度对社会结构、政治事项进行解剖分析,这在社会科学研究方法上是一个重大的创新,这也正是现代统计学广为采用的方法和内容,为统计学的产生奠定了基础。威廉·配第对于统计学的形成有着巨大的功绩,因此马克思称他为"政治经济学之父,在某种程度上也可以说是统计学的创始人"。该学派的另一个代表人物是约翰·格朗特(John Graunt,1620—1674),他通过对伦敦市人口的出生和死亡资料进行分类计算,出版了第一本关于人口统计的著作《关于死亡表的自然和政治的观察》,证实了出生、死亡、男女性别比例等人口动态存在一定的规律,并编制了世界上第一张"死亡表"。

政治算术学派在统计发展史上有着重要的地位。它在收集资料方面,较明确地提出了大量观察法、典型调查、定期调查等思想;在处理资料方面,较为广泛地运用了分类、制表及各种指标来浓缩与显现数量资料的内容信息。它第一次运用可度量的方法,力求把自己的论证建立在具体的、有说服力的数字上面。但该学派的学者都还没有使用"统计学"这个名称,可谓"有统计学之实,无统计学之名"。

2. 国势学派

国势学派亦称记述学派。产生于 17 世纪封建制度的德国,其代表人物是海尔曼·康令(Hermann Conring,1606—1681)。他以叙述国家显著事项和国家政策关系为内容,在大学开设了"国势学(staatenkunde)"课程,原意是对各国情况的比较叙述,实际上是一门以文字技术和比较为主的反映各国国情、国力的学问,几乎不用数字资料。康令把对国情的一般叙述变成一门系统学问的研究,引起了许多学者的兴趣。因此,有关国势学的研究在当时的德国很快流行起来,形成了一大学术派别,称为"国势学派",亦称"记述学派"。到 18 世纪,阿亨瓦尔(G. Achenwall,1719—1772)则继承和发展了康令的思想,并在其发表的《近代欧洲各国国势学概论》中,首创了一个新的德文词"statistik",即"统计学",以代替康令的德文词"staatenkunde"。1787 年,英国博士齐默尔曼(E. A. W. Zimmerman)根据语音,把 statistik 译成英语 statistic,后经英国爵士莘克莱(J. Sinclair,1754—1835)的大力推广,"统计学"一词终于为英国广大学者所接受。后来,不仅在英国,而且在其他语种的欧洲国家都陆续接受了阿亨瓦尔首创的"统计学"。这些国家翻译的"统计学",从字音或字形上十分接近 statistic。19 世纪后半叶,"统计学"传到日本,日本学者根据意思采用汉字"统计学"来表示。之后,作为一门科学名称的"统计学"一词又传到中国。

国势学派对国家显著事项的研究,着重于文字比较和记载,其叙述很少涉及数量方面的分析,只是采用一些笼统的形容词来说明,如"人口稠密""土地广阔"等,未把对事物的数量对比分析作为自己的基本特征。它对统计学的产生和发展的影响,主要是体现在其对统计学这门学科起了一个至今仍为世界公认的名字"统计学"和其研究对象(即国家显著事项)上。因此,国势学派也被人们称为"有名无实"的统计学。

(二)近代统计学时期

18 世纪末到 19 世纪末的一百多年中,统计学有了很大的发展,又形成了许多学派,其中主要是数理统计学派和社会统计学派。

1. 数理统计学派

概率论的出现,历史上是以两位法国数学家帕斯卡(B. Pascal,1623—1662)和费马(P. D. Fermat,1601—1665)通信解决赌博中的"得点问题"(problem of points)作为标志的。在统计发展史上,最早卓有成效地把古典概率论引进统计学领域的则是法国数学家、统计学家拉普拉斯(P. S. Laplace,1749—1827)。他发展了对概率论的研究,阐明了统计学的大数法则,并进行了大样本推断的尝试。

随着资本主义经济的发展,统计被应用于社会经济的各个方面,统计学逐步走向昌盛。19 世纪中叶,比利时统计学家、数学家、天文学家凯特勒(L. A. J. Quetelet,1796—1874)完成了统计学和概率论的结合,其代表作为《社会物理学》。凯特勒将概率论和数理统计引入统计的各个领域,提出用数学中的大数定律——平均数定律作为分析社会经济现象的一种工具,进而把整个统计学的理论构筑在大数定律的基础上,形成和确立了统计学是一门对客观现象数量方面进行研究的通用方法论的观点,也对解决政治算术学派、国势学派以及其他学术派别在统计学科属性上的纷争施加了重大影响。凯特勒把统计学发展中的三个主要源泉,即英国的政治算术学派、德国的国势学派以及意大利和法国的概率统计加以统一、改造并融合形成了具有近代意义的统计学,促使统计学向新的境界发展。可以说,凯特勒是古典统计学的完成者,又是近代统计学的先驱者,在统计学发展史上具有承上启下、继往开来的地位,国际统计学界有人称凯特勒为"统计学之父"。

随着统计学的发展,对概率论的运用逐步增加,同时,自然科学的迅速发展和技术的不断进步,对数理统计方法又提出了进一步的要求。这样,数理统计学就从统计学中分离出来自成一派。由于这一学派主要由英美等国发展起来,故又称英美数理统计学派。

2. 社会统计学派

自凯特勒之后,统计学的发展开始变得丰富和复杂起来。由于在社会领域与自然领域统计学被运用的对象不同,统计学的发展,呈现出不同的方向和特色。19 世纪后半叶,正当致力于自然领域研究的所谓英美数理统计学派刚开始发展的时候,在德国竟异军突起,兴起了与之迥异的社会统计学派。这个学派是近代各种统计学派中比较独特的一派。由于它在理论上比政治算术更加完善,在时间上比数理统计学提前成熟,因此,它很快占领"市场",对国际统计学影响较大,流传较广,直至今日。

社会统计学派由德国大学教授克尼斯(K. G. A. Knies,1821—1898)首创,主要代表人物有恩格尔(C. L. E. Engel,1821—1896)和梅尔(G. V. Mayr,1841—1925)等人。他们认为统计学是一门社会科学,是研究社会现象变动原因和规律性的实质性科学;统计学所研究的是社会总体而不是个别的社会现象,而且由于社会现象的复杂性和整体性必须对总体进行大量观察和分析,研究其内在联系,才能揭示社会现象的规律性。他们认为,在社会统计中,全面调查(包括人口普查和工农业调查)居于重要地位;以概率论为理论基础的抽样调查,在一定的范围内具有实际意义和作用。

(三)现代统计学时期

现代统计学时期是指自 20 世纪初至今的统计学发展时期。20 世纪 20 年代以来,数理统计学发展的主流从描述统计学转向推断统计学。19 世纪末和 20 世纪初的统计学主要是关于描述统计学中的一些基本概念,资料的收集、整理、图示和分析等,后来逐步增加概率论和推断统计的内容。直到 20 世纪 30 年代,费希尔(R. A. Fisher,1890—1962)的推断统计学才促使数理统计学进入现代范畴。20 世纪 60 年代以后数理统计学的发展越来越广泛地应用数学方法,出现了如抽样理论、非参数统计、多变量分析和时间序列分析等新分支和计量经济学、工程统计学等边缘学科。同时,计算机的应用和推广,更加快了数理统计学的发展。与此同时,社会统计学也有了很大发展。俄国十月革命胜利后,列宁十分重视统计在社会主义管理中的作用,使统计在社会主义革命和建设过程中,充分发挥其认识社会的作用、管理经济的作用、社会宣传的作用,建立了社会经济统计学。

中华人民共和国成立以后,统计工作从理论到实践,几乎照搬了苏联的统计。客观地说,在计划经济时期,我国的统计工作从无到有逐步建立和发展,在经济建设中发挥了重大作用。党的十一届三中全会以后,以社会经济统计学、数理统计学为代表的各统计学相互独立、并存,进入蓬勃发展时期。1978 年四川峨眉"统计教学科研规划座谈会"后,确立了社会经济统计方法论的科学地位,加强了与数理统计的结合,一方面纠正了长期以来一种有碍统计学发展的错误观点,即认为统计学是一门独立的社会科学,就是社会经济统计学,对于数理统计学在社会主义经济领域的应用则认为是"数学形式主义"而加以排斥;另一方面也使统计科学出现了空前繁荣的新局面。随着经济改革的不断深入,我国的统计体制也不断深化改革,大量引进世界各国先进的统计科学理论与方法技术,加强与国际统计接轨,贯彻执行新的国民经济和核算体系,大力推广应用抽样技术,逐步实现统计指标体系科学化、统计分类标准化、统计工作规范化、统计计算技术和数据传输技术先进化、统计服务优质化的统计现代化目标。1992 年 11 月,国家技术监督局发布的《中华人民共和国国家标准学科分类与代码》,将统计学与数学、哲学、经济学、管理学一起,列为一级学科。

四、统计学的作用

从统计学发展历史可以看出,统计学是一门应用性很强的学科。实践的需要产生并发展了统计学,统计学反过来又不断应用于实践。统计学在认识事物、指导生产、经济管理、科学研究等方面都发挥着重要作用。

（一）统计学为认识自然和社会提供了必需的理论和方法

要认识自然、认识社会,离不开各种各样的数据资料,并需要对这些资料做出各种各样的分析研究,这就需要用一整套的统计理论和方法作为指导。例如一年里各个季节的气温、降水如何变化,某地区人口年龄分布有何特征,不良生活习惯与某些疾病是否有关系,通过收集相关统计数据并据此进行统计分析是必不可少的。如果说统计是认识自然和社会的手段,那么统计学则为运用这种手段提供了理论和方法。

（二）统计学在指导生产活动中发挥重要作用

生产活动是以尽量少的投入生产出尽量多且质量符合要求的产品,影响产品产量和质量的因素很多,但有主次轻重之分。这就需要管理者对各种因素进行试验和观察,了解各种因素的影响方式和程度,找出各种因素的最佳水平和最佳组合,从而确定最佳生产条件和生产方式,并使之始终处于科学的控制之中;需要利用统计理论和方法,科学合理地设计和安排试验并做出分析,同时对生产过程不断地进行监控。最佳生产方案设计和最有质量的控制,是统计学的重要应用领域,生产控制图、六西格玛理论和方法等的广泛应用充分说明了这一点。

（三）统计学在社会经济管理活动中的作用更为显著

无论从宏观还是微观上看,统计活动都具备收集信息、提供咨询、实施监督和支持决策的重要职能。宏观上,政府的管理目标是要保持国民经济持续稳定协调发展,实现劳动力的充分就业和物价水平的稳定,做到自然资源的合理开发和生态环境的良好保护,确保社会的

安定和人民生活水平的稳定提高。这就需要政府利用统计学所提供的方法，科学合理地收集数据，对国民经济和社会发展状况进行跟踪监测和预警，对社会经济问题进行定量模拟和分析，从而为制定和调整经济政策提供依据。微观上，企业的管理目标是使生产要素达到最佳配置，取得最佳的经济效益，在激烈的市场竞争中保持优势。这就需要企业及时收集各种市场信息，科学地反映和分析企业的生产经营状况，准确地预测和判断市场变化的趋势，这一切活动显然必须运用统计理论和方法。

(四)统计学为科学研究提供了有力手段

在柯旭研究中，研究的任务是揭示客观事物的规律性，研究方法一般是先根据若干观察或者实验资料提出某些假设或者猜想，然后通过各种途径进行观察或者实验加以验证。显然，统计理论和方法在其中起着重要作用。一方面，统计学有助于集中并提取观察和实验数据中本质的东西，从而有助于提供较正确的假说或猜想；另一方面，统计学又能指导研究人员如何去安排进一步的观察和实验，以判定所提出的假说或者猜想是否正确。在医学界，人们利用统计方法来研究疾病的原因或影响因素，判断药物或者治疗方法的有效性；在考古学界，人们凭借统计方法来推断发掘物的历史年代；在心理学界，研究者利用统计方法分析特定刺激的心理效应；在经济学界，经济学家利用统计方法研究国民经济运行状况和各种决策方案的优劣；等等。几乎所有的科学研究领域都离不开统计学。历史上许多有关领域的著名专家，往往也是著名的统计学家。

最主要的统计学奠基人费希尔曾经说过："给 20 世纪带来了人类进步独特方面的是统计学。"

第二节　统计数据的类型和研究方法

一、统计数据类型

统计数据是统计学的素材，也是统计学的语言，了解统计数据的类型和特征，有助于更为有效地进行理解统计学的原理和统计分析方法。从不同的角度，统计数据可以分为不同的类型。

(一)按照计量尺度的不同，统计数据分为定性数据和定量数据

定性数据是指只能用文字(可用数字代码表示)来表现事物的品质属性或属性特征的数据，具体又分为定类数据和定序数据。定类数据是对事物进行分类的结果，由定类尺度计量而成。例如，人按照性别分为男性和女性两类；国民经济分为第一产业、第二产业和第三产业，第一产业又分为农、林、牧、渔产业；等等。这些数据都属于定类数据。定类数据仅仅能

体现事物有差别,至于有多大差别无法确定。定类数据没有优劣高低之分。定序数据是对事物按照一定的排序结果进行分类,表现为有一定顺序的类别,由定序尺度计量而成。例如,成绩按照优、良、中、可、差分类,产品分为一等品、二等品、三等品等。定序数据不仅能体现事物之间有差别,还能区分差别的层次,因此定序数据所包含的信息量大于定类数据。为了便于计算机统计处理,常常需要把定性数据用数字代码表示,此时这些数字代码并没有数学上的含义,不能进行运算,也无法计算类别之间的准确差距。

定量数据则是指用数值来表现事物数量特征的数据,具体又分为定距数据和定比数据。定距数据是一种用数字来区分现象类别和顺序的数据,由定距尺度计量而成。定距数据不仅能区分类别,还能计算各类之间的绝对差距大小,即可以进行减法运算来计算各类数据之间的差距。定距数据没有绝对"零点","0"并不代表不存在,而仅仅是现象计量尺度中的一个刻度,典型的例子就是温度,零摄氏度不代表没有温度,所以定距数据一般来说能进行加减运算,不能进行乘除等运算。定比数据同样是一种用数字来区分现象类别、顺序大小的数据,由定比尺度计量而成,与定距数据不同的是,定比数据有绝对零点,"0"代表不存在,不仅能计算类别之间的绝对差距,还能计算类别之间的相对差距,即可以进行加减运算,也能进行乘除运算。例如人的身高,"0"身高代表这个人不存在。

定类数据、定序数据、定距数据和定比数据的计量层次是由低到高,层次越高的数据包含的信息量越丰富。高层次数据可以转化为低层次的数据,比如气温数据,可以通过一定的规则区分为低温、高温这种定类数据,百分制的成绩可以区分为优、良、中、可、差的定序数据。这种高层次数据转化为低层次数据会带来信息量的损失,从而可能造成分析结果精度降低,而低层次的数据不能转化为高层次数据。数据层次越高适用的统计分析方法越丰富,其结果精度一般也越高。另外需要注意的是,定距数据虽然比定比数据层次低,但实际中很多现象的计量难以区分是定距数据还是定比数据,所以在一般的分析中对于定距数据和定比数据并不加以区分,常用用统计分析软件都是这么处理的。

(二)按照表现形式不同,统计数据分为绝对数、相对数和平均数

绝对数是用来反映现象和事物如规模大小、水平高低等外在"量"的特征的数据,一定具有明确的计量单位。例如,人的身高180厘米、体重80千克,某年末人口总数100万人,某年某地区GDP是1000亿美元,等等。这些都是具有计量单位的绝对数。绝对数是表现数量标志或总量指标的形式。

相对数是用来反映现象或者事物之间如比例、结构、速度等相对数量特征的数据,是通过两个有联系的统计数据对比计算出来,体现数据之间的联系关系。例如,人均GDP(国内生产总值)2万美元、外贸依存度70%、一次产业占比10%、体重身高比(肥胖指数)2.1、就业率93%、失业率10%、出勤率99%、CPI 105%、经济增长率6.9%等。根据对比的数据之间联系不同,一般相对数常用的有计划完成相对数、结构相对数、比例相对数、比较相对数、速度相对数、强度相对数等。相对数是表现相对指标的形式。

平均数是用来反映现象或者事物某方面数量特征一般水平的数据,是揭示掩盖在数据之间具体差异之下的共同、稳定的特征。例如平均分数 80 分、平均年收入 5 万元、平均劳动生产率 1 万元/人等都是平均数。按照计算方式不同,平均数有算术平均、调和平均、几何平均等数值平均方法计算,也有中位数、众数等位置平均方法计算。平均数是表现平均指标的形式。

通过各种计量尺度计量的统计数据,最终都可以归结为绝对数、相对数和平均数三种表现形式。

(三)按照来源不同,统计数据分为原始数据和次级数据

原始数据是指直接向被调查者收集来的、尚待加工整理,只反映个体特征的数据,或者通过实验采集的原始记录数据。原始数据是统计数据收集的主体。

次级数据也称为加工数据或者二手数据,是指已经经过了加工整理,能反映总体数量特征的各种非原始数据。次级数据包括直接根据原始数据整理而来的汇总数据,以及根据各种已有数据进行推算而来的推算数据。次级数据的来源包括各种统计年鉴、政府机构公布的数据,也包括一些公司调查来的行业数据、市场数据等。一般来说,次级数据虽然是已经加工整理过,但还是会根据具体研究目的进行再加工来满足分析的需求。

(四)按照时间或空间状态不同,统计数据分为时序数据、截面数据和面板数据

时序数据是时间数列数据的简称,是对同一现象或者事物按照时间的顺序收集的不同时间的数据,描述现象或者事物某一数量特征随着时间的变化而变化的情况。例如,将中国 2000—2017 年的 GDP 数据按照年份顺序排列形成的数据。

截面数据是对一些同类现象或者事物在同一或者近似相同时间上收集的数据,描述的是在相同时间状态下同类现象或者事物的数量特征在不同空间状态下的差异情况。例如,2015 年中国各个省份 GDP 数据。

面板数据指的是一些同类现象或者事物在不同的时间、不同的空间下的差异情况的数据,即时序数据和截面数据相结合起来的数据,也称为平行数据。例如 2000—2017 年中国各个省份的 GDP 数据。面板数据包含的信息量大于时序数据和截面数据。

(五)大数据时代下,统计数据又分为结构化数据和非结构化数据

结构化数据是指可用二维表结构(变量/字段、变量值/字段值)来逻辑表达实现的数据,如数字、符号等,即通常所说的可计数、计量和计算的数据;非结构化数据则是不方便使用二维逻辑表来表示、存储的数据,如文本、图像、声音、办公文档、XML,即不能用统一的结构来表示、存储的数据。处于结构化数据与非结构化数据之间的数据属于半结构化数据,如 HTML 文档。

二、统计研究的基本方法

统计学是一门方法论科学,其研究对象的性质决定着它的研究方法。其基本研究方法包括大量观察法、统计分组法、综合指标法和归纳推断法。

(一)大量观察法

所谓大量观察法,是指对所研究事物的全部或足够数量进行观察的方法。这是由于统计研究对象的多样性和复杂性所决定的。大量复杂的社会现象是在诸多因素的综合作用下形成的,各单位的特征及其数量表现有很大的差别,如果只选择一部分单位进行观察,是不能代表总体一般特征的,必须观察事物的全部或足够数量的单位加以综合分析,这样使事物中次要的、偶然的因素作用相互抵消或减弱,从而排除其影响,以研究主要的、共同起作用的因素所呈现的规律性。

以大量观察法作为统计研究的方法,可以对总体的所有单位进行全面调查,如统计报表、普查;也可以对能够反映总体特征的部分单位进行非全面调查,如重点调查、抽样调查等。当然,大量观察法并不排斥对个别单位的典型调查,大量观察与典型调查相结合,能深化对总体现象的认识。

(二)统计分组法

社会现象错综复杂,类型多样,这就决定了统计必须采取分类研究的方法,即统计分组法。统计分组法是指根据事物内在的性质和统计研究任务的要求,将总体各单位按照某种标志划分为若干组成部分的一种研究方法。例如将人口按照职业分类,工业企业按部门分类,或按经济类型分类,等等。分组法将资料分门别类,把性质不同的单位分开,把性质相同的单位归在一起,保持组内各单位的同质性,显示组与组之间的差别性,以区别现象的不同情况和不同特点。通过分组可以研究总体中不同类型的性质和它们的分布情况,可以研究总体中的构成和比例关系,可以研究总体中现象之间的依存关系。

必须注意,在统计分组中选择一种分组方法,突出了一种差异,显示了一种矛盾,同时又会掩盖其他差异,忽略其他矛盾,要十分重视分组的科学性。缺乏科学根据的分组,不但无法显示事物的根本特征,甚至会把不同性质的事物混淆在一起,歪曲社会现象的实际情况,也就达不到认识社会的目的。

(三)综合指标法

综合指标法是运用各种统计综合指标来反映和研究社会现象总体的一般数量特征和数量关系的研究方法。对大量的原始数据经过整理汇总,计算各种综合指标,可以显示出现象在具体时间、地点条件下的总体规律,相对水平,集中趋势,变异程度,等等。在统计分析中广泛运用各种综合指标来探讨总体内部的各种数量关系,揭露矛盾,发现问题,进一步寻找解决问题的方法。动态趋势分析法、因素影响分析法、相关与回归分析法、抽样推断法等都是运用综合指标来研究现象之间的数量关系的。

综合指标法与统计分组法是密切联系相互依存的。统计分组如果没有相应的统计指标来反映现象的数量特征，就不能揭示总体内部各种数量关系。而综合指标如果没有科学的统计分组，就无法划分事物变化的数量界限，就会掩盖现象的矛盾，成为笼统的指标。所以在研究社会现象的数量关系时，必须科学地进行分组，合理地设置指标，指标体系和分组体系应该相互适应。综合指标法和统计分组法总是结合起来应用的。

（四）归纳推断法

归纳推断法包括了归纳和推断两个方面。所谓归纳，是指由个别到一般，由事实到概括的整理、描述方法。归纳法可以使我们从具体的事实中得出一般的知识。所谓"推断"则是指以一定的逻辑标准，根据局部的、样本的数据来判断总体相应数量特征的推理方法。在研究社会现象的总体数量方面时，通常我们所观察的只是部分或者有限的单位，而所需要判断的总体范围却是大量的，甚至是无限的。这就产生了如何根据局部的、样本的数据对总体数量方面进行判断、估计和检验的问题。例如，通过对城镇居民生活收入与消费的调查来了解一个地区、一个省甚至全国居民生活收入与消费情况，就属于利用样本资料对总体的相应数量特征的推断问题。归纳推断法是现代统计学的基本方法，这种方法既可以用于对总体参数的估计，也可以用作对总体的某种假设检验。广泛应用于农业产量调查、工业产品质量检查与控制以及根据时间数列进行预测所做的估计和检验等。

以上介绍的是统计研究的基本方法，并不是所有的方法。在运用上还应注意各种方法的结合。在调查方法上要注意把大量观察法和典型调查结合起来，在分析方法上要注意把综合分析和具体情况分析结合起来，多种方法结合应用，可以提高认识能力，全面深入研究分析问题，更好地发挥统计认识社会有力武器的作用。

第三节　统计学中的几个基本概念

一、统计总体与总体单位

（一）统计总体

统计总体（简称总体）是指客观存在的、在同质基础上结合起来的许多个别单位的整体。总体必须具有同质性，这是形成总体的基础。总体的同质性是指各个单位在某一点上具有共同的性质。例如，要调查我国工业企业的生产情况，全国的工业企业便构成一个总体。它们是客观存在的，尽管这些企业规模大小、组织形式、生产的产品等各不相同，但它们都有一个共同的、基本的经济职能,都是从事工业生产活动。

总体按其包括范围的大小可分为无限总体和有限总体。总体所包含的单位数是无限的,称为无限总体,如我们要研究海洋中的鱼资源数、某地区空气污染程度等,则海洋中的鱼资源数、某地区的空气就是无限总体或可看作无限总体。总体所包含的单位数是有限的,称为有限总体,如人口数、企业数、商店数等。对无限总体只能对一部分单位进行非全面调查,据以推断总体;对有限总体可以进行全面调查,也可以进行非全面调查。

总体具有大量性、同质性和差异性的特点。

(1)大量性:这是由统计研究的对象决定的。因为统计研究的是大量客观现象的数量特征,只有从大量的客观现象之间的关联中,才能看出客观现象发展的规律性,所以大量性是形成统计总体的充分条件。

(2)同质性:构成统计总体的各个单位,至少在某一点上是同性质的,这是构成统计总体的前提。只有同性质的单位,才能说明总体的综合数量特征。如果将不同性质的单位混杂在一起,就无法综合说明总体的数量特征。

(3)差异性:构成统一总体的各个单位,在某一方面性质是相同的,但在其他方面必定有差异。如果构成统一总体的各个单位没有差异性,那就没有统计研究的必要了。

(二)总体单位

总体单位也称为个体,是构成总体的各个单位,是统计所研究的属性和特征的原始、直接、具体的承担者。例如要了解某市工业企业的生产情况,某市的工业企业为总体,则每一个工业企业为总体单位;要研究某市工业企业生产设备的使用情况,那么该市所有工业企业的全部生产设备为总体,每一台生产设备为总体单位。

值得注意的是,总体和总体单位的划分是相对的,它们会随着研究对象和研究目的的变化而相互转化。例如,在研究全国各省的经济发展及运行情况时,全国所有的省是总体,每一个省是总体单位;但当研究的是某一省的经济发展及运行情况时,则该省被看成总体,而该省的每一个市则是总体单位。

二、统计标志与统计指标

(一)统计标志与变量

1. 统计标志

统计标志简称为标志,它是用来说明总体单位所具有的属性或特征的名称。例如,调查某企业职工的情况,该企业的每一个职工是总体单位,性别、工种、籍贯、年龄、身高、体重等便是标志,而对具体个体的属性和特征的描述或取值则称为标志表现或者标志值。例如,"性别"是标志,其标志表现为"男"或"女";"年龄"是标志,其标志表现为 25 岁、30 岁、40 岁;等等。

　　按照标志值的不同表现形式,标志可分为品质标志和数量标志。品质标志是说明总体单位属性的名称,其标志表现一般用文字来描述,例如性别、民族、工种、企业经济类型等;数量标志是用来说明总体单位量的特征,是可以用数字来表示的,如年龄、身高、收入等。

　　按照标志值是否变化,标志可分为可变标志和不变标志。不变标志是指每个个体的某属性的具体表现完全相同的标志。例如高校学生总体中,每个学生是个体,他们具有很多标志,其中身份是不变标志,其值都是高校学生;再比如某地区食品加工企业总体中,行业是不变标志,其值都是食品加工行业。显然,不变标志决定了总体的同质性特征,是相关个体集合成总体的基础,总体中所有个体至少需要有一个不变标志。可变标志则是指个体特征表现不相同的标志,如高校学生总体中,年龄、身高、性别、体重、专业、年级等都是可变标志,不同学生这些特征表现是不同的;食品加工企业总体中,利润、销售额、产品、职工人数等都是可变标志。总体的差异性特征正是个体可变标志形成的,统计学研究的正是可变标志。

　　2. 变量

　　变量是数学上的概念,但在统计学中也经常涉及。在很多教材中,变量是指可变数量标志,或者认为变量也应是可变的品质标志,即可变标志又被称为变量。实际中,无论是可变标志还是不变标志,在进行实际数据处理分析时,变量往往作为标志的另一种称呼。具体个体的标志表现,称为标志值,也称为变量值。

　　变量根据变量值的不同表现形式或者影响因素分为不同的种类。

　　(1)根据反映数据的计量尺度不同,变量分为定性变量和定量变量。变量值表现为定性数据的,称为定性变量;变量值表现为定量数据的,称为定量变量。显然,定性变量就是品质标志,定量变量则是数量标志。

　　(2)根据变量值受影响因素不同,分为确定性变量和随机性变量。确定性变量指受确定性因素影响的变量,即影响变量值的变化因素是明确的、可解释的或者可控制的。例如,企业职工工资总额一般受到职工人数和平均工资两个因素影响,两个因素都可以人为控制的,对工资总额影响的大小和方向是确定的。随机性变量则是指受到随机因素影响的变量,即影响变量值大小的因素是不确定的,或不可控制的。例如,农产品的产量受到多种因素影响,其中光照、气温等的变化是不可控的,导致产量具有一定的随机波动性。现实中,大部分现象既受确定性因素影响,也受随机因素影响。如农作物产量受到种子、管理、土壤、施肥、光照、气温等因素影响,其中一部分是确定因素,一部分是随机因素。

　　(3)根据变量值取值是否连续,分为离散型变量和连续型变量。离散型变量取值是指只能取整数值的变量,变量值的变化是不连续的、间断的,如人数、电脑数、企业数等,只能采用计数的方式得到变量的数值。连续型变量指在一定区间内可以取任意实数值的变量,即变量值是连续的、不间断的。如产值、身高、体重等都是连续变量。连续型变量往往采用测量或者计量的方式取得其数值。显然,定类数据和定序数据只能用来计量离散型变量,而定距数据和定比数据既可以用来计量离散型变量,也可以用来计量连续型变量。

（二）统计指标

统计指标简称为指标，是综合反映统计总体数量特征的名称。统计指标都能用数值表示，指标的具体表现为指标值。一个完整的统计指标包括指标名称和指标数值两部分，指标名称是指标质的规定，反映一定的社会经济范畴；指标数值是指标量的规定，是根据指标的内容所计算出来的具体数值。统计指标一般具有三个特点：(1) 总体性，指标是说明总体的，而不是说明总体单位的，这是它与标志的主要区别。(2) 数量性，指标都能用数值表示，不存在不能用数值表示的统计指标。(3) 综合性，统计指标是说明社会现象总体的综合数量特征的，是各单位特征表现的数量综合。

统计指标按其反映的总体内容的不同，可分为数量指标和质量指标。数量指标是说明总体规模大小、数量多少的总量指标，一般用绝对数表示，如国内生产总值、产品产量、职工人数、工资总额等；质量指标是表明总体质量的指标，反映现象的相对水平或工作质量，一般用相对数或平均数表示，如企业职工的平均工资、劳动生产率、人口密度等。

统计指标按其作用和表现形式不同，可分为总量指标、相对指标和平均指标。总量指标是说明现象规模、水平或工作总量的指标，如工资总额、产品产量等；相对指标是两个相互联系的指标相比较的结果，反映现象之间在数量方面的联系程度和对比关系，如人口密度、产品合格率、发展速度等；平均指标是按总体某些数量标志值计算的说明总体一般水平的统计指标，如平均工资、劳动生产率等。

统计标志与统计指标，两者既有区别也有联系。它们的区别是：(1) 标志是说明总体单位特征的，而指标是说明总体特征的。(2) 指标都能用数值表示，而标志中的品质标志是用文字来描述的，不能用数值表示。(3) 指标数值是经过一定的汇总得到的，而标志中的数量标志不一定经过汇总，可直接取得。(4) 标志一般不具备时间、地点等条件，但作为一个完整的指标一定要讲时间、地点、范围。它们之间的联系是：(1) 大多数指标的数值是从总体单位的数量标志值综合而来的，既可指总体各单位标志值的总和，也可指总体单位数的总和。例如，某企业的工资总额是由该企业全部职工的工资汇总而来的，某工业局职工人数是由该局各企业的职工人数汇总而来的。(2) 两者之间存在着一定的变换关系。正如总体与总体单位之间存在转换关系一样，由于研究目的的变化，当原来的总体变成总体单位时，则相应的指标也就变成标志了；反之亦然。

三、统计指标体系

统计研究的对象往往是错综复杂的，尤其是社会经济现象，各种现象之间存在相互影响、相互联系。单个统计指标只能反映现象的某种特征，说明总体现象的某一方面情况。例如，就一个工业基层单位来说，工业总产值反映了以货币形式表现的工业生产总量；固定资产价值反映了企业固定资产的拥有量；资金利税率反映了一定资金带来的利税额多少，等等。这些指标都是从某个侧面反映该工业单位的基本情况。要描述该工业单位的全貌，只靠单个统计指标是不够，必须采用更多具有相互联系的一组统计指标。由一系列相互联系的统计指标组成的有机整体称为统计指标体系。指标体系能从多个不同的方面综合反映总体现象的状况和发展变化过程，反映社会现象的因果联系、依存关系和平衡关系等。

由于各种现象的相互联系是多种多样的，反映这种相互联系的统计指标体系也各不相同。例如社会经济现象，从研究的范围来看，可以建立宏观经济指标体系，如国民经济、社会统计指标体系等，也可以建立微观经济指标体系，如基层企事业单位的指标体系等。每一种指标体系之下，又可分为若干层次，以一定的指标或指标群，反映其基本情况和相互关系，并构成相应的各层次的指标体系。例如，表示某地区城市设施水平指标体系：人均房屋使用面积、人均居住面积、城市人口用水普及率、城市煤气普及率、每万人拥有汽车、人均拥有铺装道路面积、人均公共绿地面积及每万人拥有公共厕所等。统计指标体系也可以指若干个指标之间的联系表现为一个方程关系。例如，工资总额＝平均工资×职工人数，商品销售额＝商品销售量×商品销售价格，等等。

社会经济现象从生产经济活动的过程来看，其统计指标体系有以下几类：(1)反映生产活动条件的统计指标体系。它包括：反映劳动资料的指标体系，反映劳动对象的指标体系，反映劳动力、劳动生产率和劳动报酬的指标体系等子体系。(2)反映生产成果的统计指标体系，如品种、质量、产量、总产值、增加值等。(3)反映生产经济活动和经济效益的统计指标体系，如成本、利润、资金利用率、资金产出率等。根据新国民经济核算体系(SNA)的要求，统计指标体系包括以下内容：(1)反映经济循环账户的指标体系。(2)反映国内生产总值的指标体系。(3)反映投入产出核算的指标体系。(4)反映资金流量核算的指标体系。(5)反映资产负债核算的指标体系。(6)反映国际收支核算的指标体系等。

统计指标体系在一定时期内具有相对的稳定性，随着研究对象的发展变化，统计指标体系也应做出相应的改变和调整。这样综合地、历史地分析各种现象的发展变化情况，才能得出全面、正确的认识。

习题

|第二章|
统计数据的收集与整理

课件

第一节 统计调查

统计调查是根据研究的目的,制定研究路径、选择研究方法,并制定具体步骤的工作过程。一个完整的统计调查,包括统计调查方案设计、调查表和调查问卷的设计、抽样设计等。其中,统计调查方案设计是最为关键的步骤。

一、统计调查方案设计

统计调查是复杂而细致的,目的是统一调查过程中的认识、方法和步调,保证统计调查任务的顺利展开和完成。调查质量与调查方案的质量密切相关。因此,在统计调查方案设计时应考虑到各方面因素,确保完成统计调查工作的目标和任务。

统计调查方案设计,是在调查实施之前,根据调查的目的和显示情况,对调查需要解决的问题进行系统分析,选择恰当的方法,提出具体实施方案的过程。更具体地说,统计调查方案的意义有以下三个方面。

(1)统计调查方案可以作为项目的合同和协议。

(2)统计调查方案是对社会经济现象从定性到定量的纽带。

(3)统计调查方案在统计调查中起着统筹协调的作用。

(一)统计调查方案的类型

根据调查研究的性质,统计调查方案可以划分为三种类型:探索性调查、描述性调查和因果性调查。

1. 探索性调查

探索性调查是通过初步的探索和研究,对某一现象进行阐释。通常情况下,当调查人员缺乏对项目的了解时,探索性调查显得尤为重要。探索性调查是初步的调查,因此方法灵活多样,如专家访谈、定性调查、资料分析等。

2. 描述性调查

描述性的调查是一个通过观察,完整地描述现象或问题的过程。通常包括:研究对象的特点、内部结构、研究对象之间的关系,以及研究对象的发展态势。描述性调查要求调查人员对所要研究问题的基本状况有一定了解。

3. 因果性调查

因果性调查主要是为因果关系寻求证据。统计检验为运营管理决策中的假设提供依据。

(二)统计调查方案的主要内容

统计调查方案的内容主要包括:项目名称、调查机关、调查目的、调查范围、调查对象、调查方式、调查时间、调查的主要内容等。以下对统计调查方案设计中的主要因素加以说明。

1. 确定调查目的

调查的目的是通过统计调查所要实现的目标,可以从三个方面进行理解:(1)研究成果的目的,即通过统计调查需要解决什么问题。(2)研究成果的表达形式,即研究成果以什么形式呈现,例如调查报告、学术论文或口头汇报或演讲。(3)研究成果的社会价值目标,即研究成果可以起到什么样的社会作用。

在统计调查方案设计中,一定要明确调查目标,整个方案围绕一个中心,层次清晰,条理分明,与实际情况相结合。

2. 确定调查指标

完整科学的调查指标是统计调查方案的核心内容。统计调查的终极目标是对数据进行描述、统计、总结,也就是对调查指标的数值进行分析和挖掘。调查项目的数据处理结果都是通过调查指标反映的。因此,调查指标体系的设计在统计调查中至关重要。

3. 确定调查工具

调查工具即在统计调查中所使用的工具,也就是指调查的物质载体。如调查问卷、访谈提纲、量表和卡片等。此外,在被调查方同意的情况下,还可以借助录音机、摄像机等。

4. 确定调查地域

调查地域即开展调查的地区。明确调查地域有利于统筹管理调查人员,节约人力、财力等资源。在选择调查地域时应选择具有代表性的地区进行调查,不可盲目选择。

5. 确定调查时间

调查时间即什么时间开展调查,以及调查需多长时间完成。因此,确定调查时间的目的:一是可以确定统计调查资料所属的时间,二是可以确定统计调查工作的起止时间。

6. 确定调查对象

调查对象分为广义的调查对象和狭义的调查对象。通常来讲,调查总体称为广义的调查对象,也就是统计研究的总体。狭义的调查对象通常是指统计调查中的受访者。调查对象的确定对整个调查工作量的大小、调查结果的适用范围、调查方法的选择、调查费用的评估等都有着重要影响。因此,调查对象的确定显得十分重要。

(三)统计调查方案的撰写

统计调查方案是整个统计调查工作中的依据,更是统计调查工作中的理论指导。在实际工作中,可以根据调查的需要,设计多种统计调查方案,以便进行讨论、评价和筛选。调查方案一般包括以下七方面内容。

1. 引言

概括说明统计调查的背景和原因。

2. 调查目的和内容

说明进行此项调查的目的、调查的结果将用在何处、预期会带来什么影响,列出要调查的项目(标志)并提出相应的假设。

3. 调查实施说明

说明选择调查的方式及方法、抽样调查的样本、调查的地点及选择该地点的原因、调查的访问方式、调查实施的操作规程、调查员的监督办法和数据统计处理方法等。

4. 调查结果的呈现形式

阐明调查报告的形式、数量。

5. 调查进度表

将调查过程中的各项步骤所需要的时间、完成时间以及负责人罗列制表。

6. 调查费用

核算调查的总费用,也可根据需要列出明细费用。

7. 附录

包括调查研究项目的负责人及主要参加者的名单。说明每人的特长以及在该调查项目中的主要分工。

二、统计调查组织形式

统计调查的组织形式即统计数据的收集方式。按调查范围的大小,分为全面调查和非全面调查。按调查时间是否连续,分为经常性调查和一次性调查。按调查的组织形式的不同,分为专门调查和统计报表制度,其中专门调查包括普查、抽样调查、重点调查和典型调查。

（一）专门调查

1. 普查

普查是针对某种特定目的而专门组织的一次性的全面调查，如人口普查、经济普查等。它对总体中所有的总体单位都登记调查，旨在收集反映国情和资源状况的全面资料。普查通常具有以下几个特点。

（1）普查通常是一次性或周期性的。

（2）普查需要规定统一的标准时点。

（3）普查必须按照统一规定的项目和指标进行登记。

2. 抽样调查

抽样调查是按照随机原则从总体中抽取一部分单位作为样本进行观察，并根据样本数据推断总体数量特征的一种调查方式。抽样调查有以下三个特点。

（1）按照随机原则从总体中抽取样本单位。

（2）以样本为依据推断总体的数量特征。

（3）抽样误差可以事先计算并加以控制。

抽样调查必须遵守随机原则，即所有的调查单位都有被抽取的概率，并且概率相同。按抽样的过程中总体单位数是否相同，抽样的方法分为重复抽样（有放回抽样）和不重复抽样（无放回抽样）。有放回抽样即从一个总体中抽出一个总体单位，记录其标志值后，又将其放回总体继续下一次的抽取。不放回抽样是指每次从总体中抽取一个总体单位，登记后不放回，不参加下一次的抽样，下一次从剩余总体中再抽取样本。

抽样的组织形式主要有简单随机抽样、分层抽样、系统抽样、整群抽样和多阶段抽样等。

3. 重点调查

重点调查是指从总体中选择重点单位进行调查，从而反映总体的基本情况。重点单位指在总体中具有举足轻重地位的单位。对这些单位的调查，能够从数量上反映总体在该标志总量方面的基本情况。重点调查可以达到节约时间、节约人力的效果，并且可以满足调查任务的要求。其优点在于调查单位少，可以调查较多的项目指标。当调查任务只要求掌握总体的基本情况，并且总体中确实存在重点单位时，可以选择重点调查。

4. 典型调查

典型调查是指在对总体全面分析的基础上，有意识地选择有代表性的典型单位进行调查。尤其是对一些复杂的社会经济问题的研究，采用典型调查可以更加深入、具体和详尽地了解。

（二）统计报表制度

统计报表制度是依照国家有关法规，自上而下地统一布置，按照统一的表式、统一的指标项目、统一的报送时间和报送程序，自下而上逐级汇总上报的一种调查组织方式。统计报表制度有统一性、全面性、可靠性和动态性四个特点。

三、统计调查问卷设计

设计调查问卷是统计调查中必不可少的关键环节,对调查数据的质量乃至分析结论都有重要的影响。科学、严谨、周密的问卷设计是保证统计调查工作取得成功并且使得调查分析结论具有较高价值的重要基础。

(一)问卷设计的基本概念

1. 调查问卷的含义

调查问卷是一种以书面形式了解调查对象有关标志,并以此获得信息和资料的载体,一般多采用表格形式,所以又称调查表。一份好的调查问卷可以提供统一、规范的资料收集的标准,使整个资料收集的过程和调查目标相一致,无论是调查人员,还是受访者都能够按照问卷的内容开展调查,避免了不同人员进行调查的杂乱无章,为之后的资料整理、数据处理工作奠定良好的基础。

2. 问卷的基本类型

根据调查目的以及调查对象的不同,调查问卷可以分为以下几种类型。

(1)自填式问卷和访问式问卷。自填式问卷是通过面谈、网络等方式,将问卷交给受访者,由受访者自行填写,较能节省人力和时间,且有些内容受访者不愿公开的,采取这种形式较好。访问式问卷则是通过面访或电话途径,询问受访者,并且由调查人员记录调查结果。这样可保证调查表的质量,使内容规范、清楚、完整,但花费人力、时间也较多。

(2)传统问卷和网络问卷。传统问卷指以面访、邮寄或电话途径进行调查,其载体是纸质的书面问卷,仍然是目前大量采用的问卷形式。网络问卷则是随着计算机以及互联网技术的普及而发展起来的新型调查问卷形式,用于网上调查,其优点是快捷、高效、针对性强,一般来说,还可降低调查成本。

(3)结构型问卷和无结构型问卷。结构型问卷中的问题要有一定数量,而且问卷的设计要有一定的结构,即要求按一定的提问方式和顺序进行安排。调查者要绝对遵从要求提问,不能任意变动问题和字句,更不能删减或添加问题。此类问卷适用于大规模的调查项目。无结构型问卷是指问卷中所提问题没有加以严格的设计与安排,只是围绕研究目的提出若干问题,一般采用调查提纲形式,无结构型问卷适用较小规模的深层次访谈调查。

3. 问卷的基本结构

通常情况下,调查问卷一般由五部分组成。

(1)标题。标题即问卷的题目,是对问卷调查内容的概括,通过问卷的标题可以反映调查的主题。

(2)开头。问卷的开头部分通常包括问候语、填表说明和问卷编号。问候语是为了引起受访者的重视,消除其疑虑,激发受访者的参与意识,争取得到受访者的合作。

(3)甄别部分。甄别也称为过滤,是在正式调查之前对受访者进行过滤、筛选,剔除不合适的调查对象。甄别的目的是确保受访者是合格对象,提高统计调查工作的质量。

(4)主体。问卷主体也即正文,是整个调查问卷的核心内容,是需要调查的全部内容,由问题和备选答案组成。问卷主体部分的设计,是问卷设计研究的重点。

(5)背景部分。背景部分是关于受访者的基本情况的背景资料,如企业的名称、行业、职工人数等,又如个人的性别、年龄、职业、文化程度、婚姻状况、月收入等,以便对调查资料分组观察,比较分析。

(二)问卷设计的程序和原则

问卷设计是一项创造性的工作,根据调查行业和调查目的的不同,问卷的设计在形式和内容上也有所不同。无论对于哪种类型的问卷来说,设计过程中必须遵循以下程序和原则。

1. 问卷设计的程序

问卷设计的程序一般包括以下几个步骤。

(1)准备阶段。准备阶段的首要问题是明确调查目的和内容,这不仅是问卷设计的前提,也是它的基础。其次是明确调查对象和调查单位。调查对象即需进行调查的总体,在确定调查对象时,要注意划清范围,保证数据的准确性。调查单位是构成调查对象总体的具体单位,确定调查单位在于明确向谁进行调查。

(2)拟订初稿。在充分准备的基础上,设计者就可以根据收集到的资料,按照基本的设计原则拟订问卷初稿,为进一步的修改和完善打下基础。

(3)试访和修改。任何调查问卷的设计都无法做到完美无缺。因此问卷初稿拟订以后,需在小范围内进行试验性调查访问。试访结束后,设计者可与调查人员甚至受访者讨论答卷时的感受,据此作为修改问卷的依据,从而使得正式调查得以顺利进行。

(4)定稿。根据试访的结果对问卷进行修改以后,便可将问卷定稿。

2. 问卷设计原则

设计调查问卷的总体要求是简明扼要,问卷设计的具体原则体现在以下四个方面。

(1)功能性原则。功能性原则是问卷设计最基本的原则,即实现问卷的基本功能,达到规范设计和满足调查需求的目的。

(2)可靠性原则。可靠性原则是指作为数据收集工具的问卷,应使数据在一定条件下保持稳定性。

(3)效率原则。效率原则是指在满足调查要求、获得充足信息的前提下,应选择最简捷的调查方式,使问卷的长度、题量和难度最小。

(4)可维护性原则。一份优秀的问卷需要经过反复的修改和检验,不断提高,不断完善。

四、统计数据收集的其他方式

统计数据收集的其他方式包括直接观察法、登记法、网络调查法等。

（一）直接观察法

直接观察法指调查人员在现场亲自观察被调查对象，以直接取得第一手数据的方法。通过直接观察法取得的数据具有较高的准确性，但是需要大量的人力、财力和时间，因此直接调查法的应用有很大限制。

（二）登记法

登记法是有关部门发出通告，规定当事人在某机构进行登记，填写表格。例如，工商注册登记、税务登记、户籍登记等。

（三）网络调查法

网络调查法指通过互联网与受访者进行交流，从而获得信息的一种调查方法。通常网络调查法有两种途径，一种是以调查问卷的形式，另一种是通过电子邮件向受访者发出问卷。网络调查法具有便捷性、匿名性、自愿性等优点，但也存在一定的缺点，如填写者的代表性、网络安全等等。

第二节　数据整理

统计数据整理即统计整理，是根据研究的目的和要求，将收集到的各种资料进行加工整理，使之条理化、系统化的工作过程。

一、统计分组

（一）统计分组的概念和作用

统计分组是根据统计研究的目的和客观现象的内在特点，按某个变量（或几个变量）把被研究的总体划分成若干个不同性质的组。统计分组的基本原则是各组的内部保持同质性，而各组之间具有差异性。因此，统计分组的实质是揭示总体内在的数量结构以及总体之间的数量依存关系。

统计分组是基本的统计方法之一，在统计研究中占有重要地位，其作用表现在以下三个方面。

（1）划分事物类型。通过统计分组，可以从数量方面说明不同类型现象的数量特征，表明不同类型现象的本质和发展规律。例如，我国企业按照所有制分，可以分为国有企业、集体企业、个体企业、股份制企业等。

（2）揭示现象内部结构。社会现象包括多种类型，它们不仅在性质上有所差异，而且在总体中所占比重也不一样。将研究现象根据某一变量分组,并计算比重,各组比重大小不同,可揭示结构及其比例的关系。

(3)分析现象之间的依存关系。现象之间存在广泛的相互联系、相互制约的关系,这种关系常常表现为因果关系。在研究过程中,往往是先通过分组分析法观察现象之间的依存关系,然后在此基础上应用其他方法进一步深入分析。

(二)统计分组的种类

1. 按分组标志的数量分类
按分组标志的不同,可分为简单分组和复合分组。

简单分组是对研究现象按一个现象进行分组,它只能从某一方面说明和反映现象分布状况和内部结构。例如,将学生分别按专业、年级、成绩等变量进行分组。复合分组是指将两个或两个以上的变量层叠起来进行分组。例如,将学生先按性别进行分组,在此基础上,再按专业进行分组。

2. 按分组变量的性质分类
按分组变量的性质的不同,可分为品质分组和数量分组。

品质分组就是按品质变量进行分组。一般来说,对于用定类数据或定序数据计量的,采用品质分组。例如,人口按性别分组,银行存款按存款期限分为活期存款、定期存款、通知存款等。数量分组是按照数量标志进行分组。例如,人口按年龄分组、学生按成绩分组、职工按工资分组等。

(三)统计分组的方法

统计分组的关键在于选择分组标志和划分各组界限。

1. 品质标志分组的方法
按品质标志分组就是按事物的质量属性分组。例如,人口按性别、职业、文化程度分组等。按品质分组时,组数的多少取决于事物本身的特点。事物本身所具有的既定的属性,是我们确定组数的基本依据,如人口按性别只能分为两组。对于有些事物构成比较复杂、组数可多可少的情况,就需要考虑统计研究任务的具体要求,如人口按职业分组、企业按行业分组、产品按经济用途分组等。

2. 数量标志分组的方法
按数量标志分组就是按事物的数量特征分组。例如,人口按年龄分组、学生按学习成绩分组等。根据每组数量标志值的具体表现,分为单项式分组和组距式分组两种。按数量标志分组应注意分组时各组数量界限的确定必须能反映事物质的差别。例如,按学生学习成绩分组,不能把 55 分和 65 分合为一组,因为这样的分组未区分及格与不及格的质的差别。应根据被研究现象总体的数量特征,采用适当的分组形式,确定相宜的组距、组限和组数。

3. 组距式分组的方法
组距式分组的确定,需要计算一些相关指标,具体说明如下。

(1)组数。组数即将总体按标志划分成多少组。在实际分组时,确定组数可以借助美国学者斯特吉斯(H. A. Sturgess)提出的经验公式来确定组数,即

$$n=1+3.322\lg N \tag{2-1}$$

式 2-1 中,n——组数;

　　　　N——总体单位总数。

(2)组距。组距和组数有密切的关系。连续组距式分组的组距计算公式为

$$组距＝本组上限－本组下限 \tag{2-2}$$

间断组距式分组的组距计算公式为

$$组距＝本组上限－前组上限 \tag{2-3}$$

或　　　　　　　　$$组距＝本组上限－本组下限＋1 \tag{2-4}$$

对于等距分组,组距和组数的关系式为

$$d=\frac{R}{n}=\frac{X_{max}-X_{min}}{1+3.3221\lg N} \tag{2-5}$$

式 2-5 中,n——组数;

　　　　N——总体单位数;

　　　　d——组距;

　　　　R——全距,即最大变量值与最小变量值之差。

(3)组中值。组中值就是上下限之间的中点数值,计算公式为

$$组中值＝\frac{上限＋下限}{2} \tag{2-6}$$

在进行统计分析时,组中值可以代表各组标志值的平均水平。当各组标志值均匀分布时,组中值就能较好地代表各组标志值的水平。因此,分组时应尽可能使组内各单位标志值分布均匀。

二、次数分布数列

(一)次数分布的基本概念

在统计分组的基础上,将总体的所有单位按组归类整理,形成总体中各个单位在各组间的分布,称为次数分布或频数分布。次数分布按照各组的组别形成的数列,称为次数分布数列。次数分布数列主要由两个要素构成。

(1)总体按照某个变量分组。

(2)各组所出现的总体单位数或比率,称为次数。

各组的总体单位数称为频数,频数是绝对数,也称为绝对次数。各组总体单位的比率称为频率,也称为相对次数。频率是各组频数与总体单位数之比,它反映了各组频数的大小对总体所起作用的相对强度。各组频率都在 0~1 之间,且各组频率之和必为 100%。

(二)品质数列的编制

将品质标志的表现一一排列出来,然后汇总出每一种标志表现出现的次数。例如表2-1表示的是某地各种经济类型的企业分布。

表 2-1　某地各种经济类型的企业分布

经济类型	企业数(个)	比重(%)
国有企业	100	40
股份制企业	80	32
合资企业	50	20
独资企业	20	8
合　计	250	100

(三)组距数列的编制

当离散变量取值个数较多且变动范围较大时,可采用组距式分组来编制组距数列,连续变量由于其取值的特点,只能编制组距式数列。

【例2-1】　对某企业职工工资情况进行抽样调查,得到100名职工的工资资料,要求根据以下资料编制组距式数列。

1480	1250	1440	1220	1350	1350	1420	1380	1360	1350
1350	1280	1340	1320	1520	1430	1500	1440	1480	1465
1580	1470	1330	1410	1420	1350	1380	1470	1610	1390
1400	1450	1390	1460	1290	1510	1320	1380	1410	1530
1440	1380	1470	1570	1260	1400	1470	1560	1430	1600
1580	1450	1420	1560	1520	1410	1520	1390	1480	1230
1320	1370	1550	1420	1370	1290	1310	1400	1300	1520
1360	1510	1470	1430	1540	1570	1460	1510	1480	1340
1550	1510	1450	1500	1470	1440	1370	1420	1480	1540
1300	1400	1530	1550	1530	1200	1650	1630	1540	1590

(1)将变量值按由小到大的顺序排列,并确定全距,全距=最大变量值-最小变量值。

经过初步整理,可以看出员工工资水平最高额为1650元,最低额为1200,全距为1650-1200=450。

(2)确定组数和组距。组数和组距的确定,应力求符合现象的实际情况,能够将总体分布的特点充分反映出来。初次分组可采取实验法,即先确定一个组距,分组后若认为变量数列不能反映总体的特征,可适当增加或减少组距重新分组,直至满意为止。本题根据公式计算得到组数和组距分别为

$$n＝1＋3.322\lg N＝1＋3.322\lg(100)≈8(组)$$
$$d＝450/8＝56.25≈57(元)$$

（3）确定组限。确定组限应保证最小组下限要低于最小变量值，最大组上限要高于最大变量值。因此，本例题各组的上下限依次为 1200～1257、1258～1314、1315～1371、1372～1428、1429～1485、1486～1542、1543～1599、1600～1656，共 8 组。

（4）汇总各组的次数及比重，编制组距式数列，如表 2-2 所示。

表 2-2　某县城居民家庭人均月消费支出分配数列

按工资额分组(元)	职工人数(频数)	比重(％)
1200～1257	4	4.0
1258～1314	7	7.0
1315～1371	16	16.0
1372～1428	19	19.0
1429～1485	24	24.0
1486～1542	16	16.0
1543～1599	10	10.0
1600～1656	4	4.0
合　计	100	100.0

（四）频数分布的类型

次数分布是统计分析中重要的工具方法，由于社会现象的不同，各种统计总体各有不同的频数分布，形成各种不同类型的分布特征。总体来看，频数分布曲线主要分为钟形分布、U 形分布和 J 形分布三种。

1. 钟形分布

钟形分布的特征是"两头小，中间大"，即靠近中间的变量值分布的次数多，靠近两边的变量值分布的次数少。钟形分布又可分为对称分布和偏态分布两种。

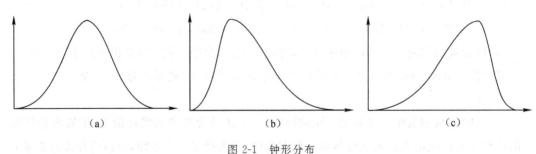

(a)　　　　　　　　(b)　　　　　　　　(c)

图 2-1　钟形分布

如图 2-1(a)所示，其分布特征是以标志变量中心为对称轴，左右两侧对称，两侧变量值分布的次数随着与中间变量值的距离的增大而逐渐减少。在统计学中,称这种分布为对称分布。图 2-1(b)、图 2-1(c)为非对称分布,它们各有不同方向的偏态,即右偏态分布和左偏态分布。

2.U 形分布

U 形分布的特点是"两头大,中间小",如图 2-2 所示,它的形状与钟形分布相反,靠近中间的变量值分布次数少,靠近两端的变量值分布次数多。例如人口死亡率分布,其分布呈 U 形。

3.J 形分布

J 形分布有两种类型,一种是次数随着变量的增大而增多,如投资额按利润率大小分布,如图 2-3(a)所示。另一种呈反 J 形分布,即次数随着变量的增大而减少,如随着产品产量的增加,产品单位成本下降,如图 2-3(b)所示。

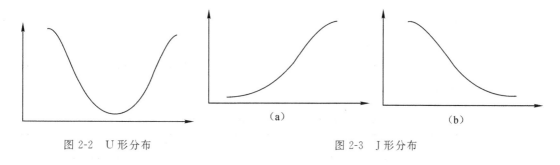

（a）　　　　　　　　　　　　　　　　（b）

图 2-2　U 形分布　　　　　　　　　图 2-3　J 形分布

三、统计表

统计数据经过收集、整理之后,可以用清晰、直观的形式表现,最常用的方法就是统计表。统计表可以有条理地展示统计资料,清晰地反映统计分布的特征,是统计分析的一种重要工具。

（一）统计表的定义和结构

统计表有广义和狭义之分。广义的统计表指统计收集、整理和分析等各阶段所使用的所有表格。狭义的统计表则是指统计整理和统计分析阶段所使用的表格,专指分析表和容纳各种统计资料的表格,也就是通常所说的统计表。

从形式上看,统计表主要由总标题、横行标题、纵栏标题和指标数值四个要素构成。总标题是统计表的名称,它简明扼要地说明表的基本内容,位于统计表的正上方。横行标题是横行的名称,即总体各组名称或各指标名称,置于统计表的左端。纵栏标题是统计表各列的名称,位于表格的第一行。指标数值列在横行和纵列的交叉处,用来说明总体及其组成部分的数量特征,是统计表的核心部分。具体表式如表 2-3 所示。

从内容上看,统计表由两部分构成,即主词和宾词。主词是统计表所要说明的总体、个体或者组的名称,一般列于表的左方,即横行位置;宾词是用以说明总体及其构成部分数量特征的各种统计指标,一般列于表的右方,即纵栏标题和指标数值的位置。有时,主词与宾词的位置可以互换。此外,有些统计表还有补充资料、资料来源、注释、填表单位、填表人和填表日期等。

表 2-3　2013—2015 年我国的出口总额　　　　　　　　　　　单位:亿美元

年　份	出口总额
2013	22090.0
2014	23422.9
2015	22734.7

资料来源:国家统计局网站,http://www.stats.gov.cn/。

（二）统计表的种类

1. 按主词分组

按主词是否分组和分组的程度,分为简单表、分组表和复合表。

(1)简单表。主词未经任何分组的统计表,即主词只是按总体各个单位简单排列,也称一览表,如表 2-4 所示。

表 2-4　2016 年某公司各部门销售总额　　　　　　　　　　　单位:万元

部　门	销售总额
A	220.0
B	315.9
C	297.7

(2)分组表。主词只按一个标志进行分组的统计表,又称简单分组表,如表 2-5 所示。

表 2-5　某高校学生基本情况统计

按学历分组	学生数(人)	比重(%)
研究生	800	13.3
本科生	2000	33.3
专科生	3200	53.4
合　计	6000	100.0

(3)复合表。复合表是指主词按两个或两个以上标志进行重叠分组的统计表,又称复合分组表,如表 2-6 所示。复合表可以把更多标志结合起来,更深入地分析社会经济现象,使其特征和规律性一目了然。

表 2-6　国内生产总值及其分组

按产业和行业分组	国内生产总值(亿元)	比重(%)
第一产业		
第二产业 　工业 　建筑业		
第三产业 　交通运输仓储邮电通信业 　批发零售贸易餐饮业		

2. 按宾词分组

按设计的宾词不同,统计表可以分为宾词简单排列、宾词分组平行排列和宾词分组层叠排列。

(1)宾词简单排列。即宾词不加任何分组,按一定顺序排列在统计表上,如表 2-3 所示。

(2)宾词分组平行排列。即宾词栏中各分组标志彼此分开,平行排列,如表 2-7 所示。

表 2-7　各地区社会商品零售总额　　　　　　　　　　　　　　单位:万元

按地区分组	按商品性质和用途分组		按城乡分组	
	消费品零售总额	农业生产资料销售额	城　镇	乡　村
北京				
天津				
……				
总　　计				

(3)宾词分组层叠排列。即统计指标同时有层次地按两个或两个以上标志分组,各种分组层叠在一起,宾词的栏数等于各种分组的组数连乘积,如表 2-8 所示。

表 2-8　某市 2013—2016 年各年从业人员分布　　　　　　　　单位:万元

年　份	从业人员合计	三次产业								
		第一产业			第二产业			第三产业		
		小　计	男	女	小　计	男	女	小　计	男	女
2013										
2014										
2105										
2016										
总　　计										

统计表的主词分组与宾词分组是有区别的。主词分组的结果使总体分成许多组成部分,它们是需要用统计指标(宾词)来描述和表现的。宾词分组的结果并不增加统计总体的

组成部分,仅仅是比较详细地描述总体已有的各个组成部分。由此可见,主词分组具有独立的意义,而宾词分组从属于主词的要求,是为了描述主词的数量特征而设计的。

（三）统计表的设计

统计表的设计要做到简练、明确、实用、美观和便于比较,因此,在设计统计表时,应该注意以下几点。

（1）线条的绘制。表的上下两端应以粗线绘制;表内纵横线以细线绘制;表格的左右两端一般不设边线,采用"开口式"。

（2）合计栏的设置。统计表各纵列需合计时,一般应将合计列在最后一行;各横行需合计时,可将合计列在最前一列或最后一列。

（3）标题设计。无论是总标题,还是横行、纵栏标题都应简明扼要,简练而又准确地表述统计资料的内容及所属的时间和空间范围。

（4）指标数值。表中数字填写一般为右对齐,有小数点时应以小数点对齐,且小数点的位数要统一。当某一项数字资料缺省时,可用符号"…"表示;不应有数字时用符号"－"表示。

（5）注解或资料来源。必要时,在统计表下面应加注解,以便追溯。

第三节　数据可视化

一、数据可视化的概念

数据可视化技术诞生于 20 世纪 80 年代,是运用计算机图形学和图像处理等技术,以图表、地图、动画或其他使内容更易理解的图形方式来展示数据,使数据所表达的内容更加容易被处理和理解。从前的数据统计和数据分析等工作由统计学方面的专家、数据分析师和科学研究者们全权负责,但在如今的大数据背景下,海量数据只有在被合理采集、解读与表达之后才能完美展现它们的瑰丽与深奥,可视化无疑是让数据变得亲切和便于理解的最有效的途径。

因此,数据可视化技术与数据挖掘、人工智能、虚拟现实等诸多前沿学科领域都有密切的联系。数据可视化顺应大数据时代的到来而兴起,而只有在理解了数据可视化概念的本质之后,才能通过对其原理和方法进行研究和合理运用,获取数据背后隐含的价值。

（一）数据可视化的发展

一般来说,数据可视化被认为是伴随统计学的诞生而出现的。

1. 可视化思想的起源(15—17 世纪)

15—17 世纪是欧洲中世纪的晚期,这段时间可以被看作是可视化的起始阶段。经济、技术的发展以及文艺复兴的到来使人们开始了解人文和科学知识。对地球的新认识则使许多的著名航海家浮出水面,新的国家与地区开始被载入人类史册。天文学、测量学、绘图学等都快速起步以跟上对未知新世界的探索。三角测量技术、数学函数表相继出现了,人类也开始了对概率论和人口统计学的研究。这个时期是数据可视化的早期探索阶段。

2. 数据可视化的孕育时期(18 世纪)

在数学和物理知识成了科学研究的基础上,技术已经成为主力,社会管理的精确定量逐渐形成。并且伴随着早期的统计学的萌芽,社会和科技的进步体现在数据表现的多样化,已经出现了很多现在被广泛使用的图形形式,如直方图、柱状图、饼图和圆环图。

3. 数据图形的出现(19 世纪前半期)

在 18 世纪至 19 世纪前半叶这几十年间,统计图、地图和主题图等数据可视化的表达手法都开始被使用。另一方面,正在萌芽的计算机、通信等提供了技术实现的可能性。最重要的是,数据图形在这一时期在视觉表现上有了极大的进展,表达方式多样化了。

4. 第一个黄金时期(19 世纪中末期)

数据可视化在这一时期迎来了它历史上的第一段辉煌。欧洲逐渐意识到信息数据的作用,官方的统计机构也普遍建立起来了,数理统计成了一门新的学科,统计学的国际会议对可视化图形制定了标准并进行了分类,各种图形、统计表等都被广泛地应用和熟知起来。

5. 低潮期(20 世纪前期)

20 世纪前期,数理统计成了数学的一个支派,统计学家们这个时期关注的主要是在准确的数学基础上扩展统计的领域。数据的量和种类并没有太大的变化,于是黄金时期所出现的数据表示方式就已经够用,所以具有美观性和启发性的图形表达的研究就受到了冷落。

6. 新的黄金时期(20 世纪中末期至今)

现代电子计算机的诞生带来了强大的冲击,对数据可视化的研究再次兴起有了推波助澜的作用。计算机对数据分析的影响来自两方面——高分辨率的图形展现和交互式的图形分析——都是手绘图形无法带来的革命性改变。同时,随着统计应用的发展,数据分析的应用扩展到了各行各业。当二者互相结合之后,就催生了统计计算工具、图形软件工具以及输入输出、显示技术,等等。

(二)可视化的概念

可视化分析对应的英文是 visual analytics,也被称作可视分析学,于 2004 年由美国国家可视化和分析中心(National Visualization and Analytics Center,NVAC)组织的工作小组提出,并作为一个新领域的名词于 2005 年正式出现在 Jim Thomas 发表的文章《指南:用于可视化分析的研究和发展议程》(*Illuminating the Path: The Research and Development Agenda for Visual Analytics*)上,它的定义是由交互式可视化界面支持的分析推理科学。它是科学和信息可视化领域发展的产物,其最终目标是从包含大量自然科学、合乎司法的商业数据的异构信息源获得对问题的洞察或产生决策,其间包含分析推理科学、数据表示与转换、可视化与交互技术、知识产生、决策支持等。

与数据可视化和信息可视化相比,可视分析学关注的不再只是如何更好地可视化,它的产出物是可以供分析师使用的分析系统。事实上,在许多情况下,让用户参与到自动分析(automated analysis)过程之中是一个不可预测和高成本的任务,所以研究人员青睐于使自动分析迈向互动式的可视化分析(interactive visual analysis)。然而,由于许多真实世界的问题在一开始并没有得到很好的定义,不能通过自动算法进行分析。尤其是当这些自动算法应用于定义模糊的问题的时候,算法的输入和输出之间的关系对于分析师或者决策者来说往往依旧不清楚。因此,分析师们常常疑惑自己是否仍能继续信任这个系统。此外,某些情况下需要对一些分析解决方案进行动态适应,这通过自动算法来处理是非常困难的。

所以,为了解决这一系列问题,可视分析学强调结合计算机的优势和人的智慧,即采用有效的自动化分析方法的同时,允许经验丰富的用户(如分析师、决策者)将其自身的背景知识和想法与之融合,从而获得两全其美的结果。

二、数据可视化的方法

对数据可视化的技术方法和艺术表现的研究和发展的最终目的就是使人们便捷地在各个方向、各个领域灵活运用,让这一工具最大化地发挥帮助研究人员获取信息、分析信息以及做出决策的作用。

(一)地理信息数据可视化

地理信息数据可视化可以从维度上分类,包含二维、三维和多维动态可视化等;从表达方式上分类,包括地图(图形)、多媒体、虚拟现实等。地图是一种历史悠久的地理信息数据可视化产物,传统的地图是一种符号化模型,如图 2-4 所示,为北京中关村早晨的通勤图,从图中可以知中关村的人流从何而来,以及哪个方向来的人最多,等等。

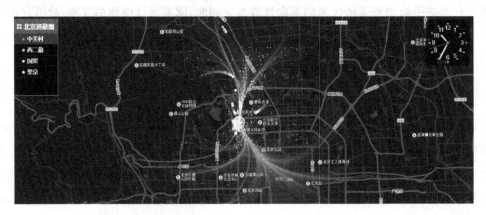

图 2-4　北京中关村通勤

（二）网络数据可视化

社交网络是动态变化的。我们能够很容易地看出一个网络内的朋友与熟人，但很难理解社交网络中成员之间是如何连接的，以及这些连接是如何影响社交网络的。因此，将社交网络数据可视化有助于我们理解这些问题。

互联网的诞生和发展带动了多种网络应用，社交网络中的每个用户都相当于一个数据源，其数据量呈现出指数级的增长模式。这些数据的背后往往蕴藏的是有价值的信息。可视化是社交网络数据分析的主要方法，它是先将关系网络描绘成点线图，然后再对图中节点的位置、中心度、密度等相关指标进行分析。目前，Gephi 在观测、分析大数据，以及可视化方面较其他相关软件优秀。图 2-5 即为网络数据可视化的示意。

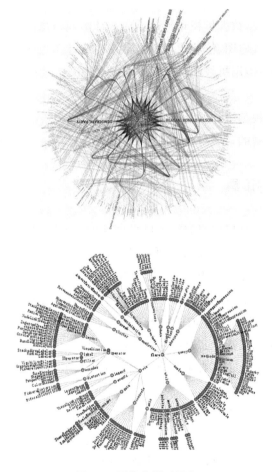

图 2-5　网络数据可视化

（三）商业数据可视化

大数据时代产生的海量数据如若不能被人们合理运用便是无用的，数据之间的关系、其中隐含的规律和发展趋势等都是各行各业的专业人员在努力了解和探寻的，在金融、商务和通信行业尤是如此。从实际应用角度上看,它将企业内部或者竞争对手的数据收集整理、进行分析和处理,决策人员从中获取信息,从而帮助企业做出正确的业务经营决策。

在通信行业,中国移动、中国联通和中国电信是国内的三大运营商,它们都意识到进行业务数据分析的重要性并建成了大规模的业务分析支持系统,便于及时了解市场情况和行业动态,以适时地推出新业务来争夺有限的客户资源。可视化商业智能是真正满足企业需要的工具,内容丰富、覆盖面广、可视化强的报表功能其参考价值才会更高。正因为好理解的可视化展现,用户才能根据自己所需对计算机进行的数据分析处理进行二次操作。将各类数据可视化,使得数据、报表变得易读易懂,一目了然,并且可以使决策者深入了解企业相关情况,进而提高业务绩效。

(四)视觉设计和传播学领域数据可视化

从视觉设计领域来分,数据可视化可以分成统计图和信息图两种。统计图主要偏向于统计领域,例如散点图、气泡图、柱状图等都是常用的统计图。在常规状态下一般运用柱形图比较数据间的多少关系,用折线图反映数据间的趋势关系,用饼图表现数据间的比例分配关系。

信息图则是更具有视觉设计的特点,追求视觉的表达和艺术性,基于数据生成的信息图是为某一类问题量身定制的,是对这类问题具体的解释,具有一定的限制性。

三、数据可视化的工具

传统的数据可视化工具仅仅将数据加以组合,通过不同的展现方式提供给用户,用于发现数据之间的关联信息。近年来,随着云和大数据时代的来临,数据可视化产品已经不再满足于使用传统的数据可视化工具来对数据仓库中的数据抽取、归纳并简单的展现。新型的数据可视化产品必须满足互联网爆发的大数据需求,必须快速地收集、筛选、分析、归纳、展现决策者所需要的信息,并根据新增的数据进行实时更新,数据可视化举例如图2-6所示。因此,在大数据时代,数据可视化工具必须具有以下特性。

(1)实时性:数据可视化工具必须适应大数据时代数据量的爆炸式增长需求,必须快速地收集分析数据,并对数据信息进行实时更新。

(2)简便性:数据可视化工具满足快速开发、易于操作的特性,能满足互联网时代信息多变的特点。

(3)丰富性:数据可视化工具需具有更丰富的展现方式,能充分满足数据展现的多维度要求。

(4)多种数据集成支持方式:数据的来源不仅仅局限于数据库,数据可视化工具将支持团队协作数据、数据仓库、文本等多种方式,并能够通过互联网进行展现。

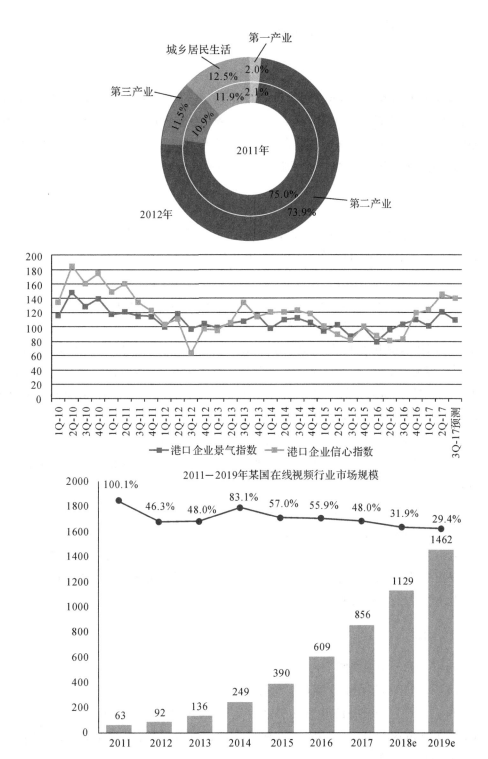

图 2-6　数据可视化举例

数据可视化的工具主要有以下几种。

（一）Excel

Excel 是典型的入门级数据可视化工具。作为一种简单、方便、覆盖面广的 office 软件，无疑是快速分析数据的理想工具，但是 Excel 在颜色、线条和样式上选择的范围比较有限，这也意味着用 Excel 很难制作出能符合专业出版物和网站需要的数据图。但是作为一个高效的内部沟通工具，Excel 应当是你百宝箱中必备的工具之一。

（二）R 语 言

R 是用于统计分析、统计绘图的语言和操作环境，是属于 GNU 系统的一个自由、免费、源代码开放的软件。R 的创始人是罗斯·伊哈卡（Ross Ihaka）和罗伯特·金特尔曼（Robert Gentleman），由于这两位"R 之父"的名字都是以 R 开头，所以就命名为 R。

在数据挖掘过程中，当完成数据的导入、清洗，并将其汇总统计以后，接下来的工作就是绘图，R 有三种不同的绘图系统可供选择。

第一个图形系统 base 图形系统是最古老的系统，在 R 的存在初期它就已经存在了。base 图形很容易上手，但其所绘制的图形有时需要大量的修改，而且它很难扩展到新的图标类型中。通过对 base 中的一些限制进行开发形成了 grid 图形系统，从而使绘图更加灵活，grid 允许你在绘图时涉及系统底层，可以具体指定在哪里画哪个点、哪条线或哪个矩形。

第二个图形系统 lattice 建立在 grid 系统之上，它为所有常见的图表类型提供了高级函数，它有两个突出的特点是 base 图形系统所不具备的。首先，每个绘图的结果能被保存到一个变量中，而不仅仅是绘制在屏幕上；其次，它可以在一个格子中包含多个面板，因此你能把数据分成不同的类别并比较各组之间的差异。

第三个图形系统 ggplot2 也是建立在 grid 系统之上，gg 代表 granlnlar of graphics（制图语法），其目标在于把图形分解成不同的组块。ggplot2 图形系统是功能最强大的图形系统，你几乎可以使用 ggplot2 做任何事情，但它与其他图形系统相比需要更多的计算。其中 ggplot2 是 R 语言最为强大的作图软件包。

（三）Gephi

Gephi 是一款开源免费跨平台基于 JVM 的复杂网络分析软件，其主要用于各种网络和复杂系统，是动态和分层图的交互可视化与探测开源工具。

Gephi 是一个广受赞誉的开源可视化及大型图表操作平台。Gephi 可以在 Windows、Mac OS X 和 Linux 上运行，支持法语、西班牙语、日语、俄语、葡萄牙语、汉语和捷克语。Gephi 主要有以下特点。

（1）快速：通过内建的 OpenGL 引擎，Gephi 可以适应大型网络要求。可视化网络可达到上百万个元素。所有操作（比如布局、过滤、拖拽）都可以实时完成。

（2）简单：上手简单快速。Gephi 的 UI 以可视化为中心，类似图片处理工具 Photoshop。

（3）模块化：可以通过插件扩展。图形架构基于 Netbeans 平台构建，可以通过 API 扩展和重用。

Gephi 的主要应用场景有：

（1）探索性数据分析：直观的网络操作实时分析。

（2）链接分析：给出了关联对象背后（特别是无标度网络下）的结构。

（3）社交网络分析：可以轻松创建对应社区组织和小世界（small-world）的社交数据链接。

（4）生物网络分析：展示生物数据模式。

（5）海报创作：通过打印高品质地图推广科学工作。

（四）Tableau

数据可视化工具除了图片美观之外，是否容易上手和海量数据的处理速度等都是考量工具优劣的标准。而 Tableau 以其高度的灵活性和动态性高居榜首。Tableau 不仅可以制作图表、图形，还可以绘制地图，用户可以直接将数据拖拽到系统中，不仅支持个人访问，还可以进行团队协作同步完成数据图表绘制。输出方便，同时 Tableau 也是免费的。

习题

|第三章|
统计指标

课件

第一节　总量指标

一、总量指标的概念及作用

（一）总量指标的概念

统计分析工作是从经济现象的数量特征和数量关系角度展开定量研究,那么就要用到统计指标。从统计指标构建方法的角度看,统计指标可分为三类:总量指标、相对指标和平均指标。这三类指标既是对数据进行统计整理的结果,同时也是用于统计分析的重要工具。

总量指标,是指能够衡量社会经济现象在一定时间、地点和条件下的总量水平、总规模的一类统计指标。它是以绝对数额来反映特定研究对象在一定条件下的总量水平,因此也称为绝对指标或统计绝对数。例如,2016年我国按现价计算的国内生产总值为743585亿元,全社会固定资产投资额为606466亿元,货物进出口总额为243386亿元等。

（二）总量指标的作用

总量指标在社会经济统计中具有重要的作用,具体表现如下。

(1)它是全面深入认识社会经济现象的起点。人们要想认识一个国家的基本国情和社会经济发展状况,就要充分掌握研究对象在一定的时间、地点、条件下的总体规模和发展水平。例如,要想了解一个国家的综合国力和经济实力,就需要知道这个国家的国内生产总值、人口总量、土地面积、粮食产量等总量指标。

(2)它是实现社会经济管理的重要依据之一。无论是宏观调控还是微观管理,都必须从客观实际出发,制定相关政策要以能反映客观现象现在和历史的相关总量指标为重要依据。

例如,国家在制定符合本国发展阶段和比较优势的产业政策时,要将本国的总人口数、资源总量、资本存量、各产业增加值和利润总额等总量指标作为重要参考依据。

(3)它是计算相对指标、平均指标及其他统计指标的基础。总量指标是最基本的指标,相对指标、平均指标及其他指标一般是通过两个或多个有联系的总量指标计算得到,是总量指标派生出来的。因此,总量指标计算是否准确将直接影响其他指标计算结果的准确性。

二、总量指标的类型

(一)按反映的内容可分为总体单位总量和总体标志总量

总体单位总量衡量的是总体内所有单位的合计数,主要用来反映总体本身的规模,是刻画总体或总体各组单位的总量指标。例如,全国总就业人数、全国所有工业企业的生产经营情况等。总体标志总量表示的是总体内某一标志值的总和,主要用来反映总体各单位某一标志值的总量,是刻画总体或总体各组标志值总和的总量指标。例如,全国城镇就业人数、全国所有工业企业的利润总额、所得税总额、销售收入总额等。

总体单位总量和总体标志总量并不是一成不变的,而是因研究目的需要或研究对象的改变而随之变化的。例如,在研究企业的销售情况时,企业的销售收入总额是总体单位总量指标,但如果研究目的是想了解企业的生产经营状况,企业的销售收入总额则变成了总体标志指标。

(二)按反映的时间可分为时期指标和时点指标

时期指标反映的是总体现象在一定时期内的累计规模的总量指标,表示社会经济现象总体在一段时期内发展过程的总量。例如,国内生产总值、固定资产投资、社会销售品总额等。时点指标反映的是总体现象在某一时刻状态下总量水平的指标。例如,固定资产存量、年末从业人员数、月末股票市场价值、年末企业产品库存等。

时期指标和时点指标有各自不同的特点,具体表现为:(1)时期指标是以连续计数的方式记录指标的数值,它的数值表示现象在某一段时期内累计的总量水平,例如,每天的股票交易金额是每笔交易金额在一天之内的累计值。时点指标是以间断计数的方式记录指标的数值,它的数值表示现象在某一时刻或时点状态下的总量水平,例如,每个月末的企业库存量属于时点指标,但年末的企业库存量并不是通过每个月末的库存数据相加得到的。(2)时期指标可以累加,即较长时期内现象发生的总量可由各期数值累计汇总得到,例如,企业的年销售额是每月销售额的加总,年国内生产总值可由季度国内生产总值相加得到。时点指标不可以累加,将各个时刻的指标数值进行加总没有实际意义。(3)时期指标的数值大小与时期长短有关,对数值为正数的时期指标而言,时期越长时期指标的数值越大,例如,企业一年的销售额肯定比一个月的销售额多,一个会计年度的固定资产投资比一个季度的要多,等等。时点指标的数值大小与时点间的间隔长短没有直接联系,例如,某个年度末的货物进口金额并不比月末的进口金额多。

(三)按计量单位可分为实物指标、价值指标和劳动指标

实物指标是根据事物的属性和特点,采用实物单位计量指标数值的总量指标。实物单位主要有:(1)自然单位。它是根据研究对象的自然状态来表示其数量的一种计量单位,例如,机器设备以"台"为单位,就业人数以"人"为单位,企业产品以"件"为单位等。(2)度量衡单位。它是根据统一的度量衡制度来确定其数量的一种计量单位,例如,钢材以"吨"为单位,大米以"千克"为单位,布匹以"米"为单位。(3)标准实物单位。它是根据一定的折算标准来度量研究对象数量的一种计量单位,例如,将各不同浓度的糖水,均折算成浓度为50%的糖水,并来计算其总量。

价值指标,又称货币指标,是以货币单位为计量基础的总量指标。货币单位以货币"元"来度量社会劳动成果的计量单位,例如,国内生产总值、固定资产投资额、居民消费额、企业销售收入等的单位都是"元"。价值指标是反映商品价值量的统计指标,但价值量无法准确计算,只能通过价格来体现价值,而价格是围绕价值上下波动的,因此,价格是价值的一种货币表现形式。

劳动量指标是以劳动时间为计量单位表示的总量指标,例如,"工日""工时"等就是劳动量指标,"工时"是指一个职工工作一小时的工作量,"工日"通常是指一个职工工作八小时的工作量。

三、总量指标的计算方法

总量指标的计算方法包括直接计算法和间接推算法。直接计算法是用计数、点数和测量等方法记录研究对象的具体数值并加以汇总,从而得到总量指标。例如,企业会计报表上的财务数据、年度经济普查数据等通常是利用直接计算法得到的。间接推算法是利用社会经济现象之间的比例关系、因果关系、平衡关系或采用抽样调查资料推算总量的方法。例如,市场调查机构通过对某地区的部分企业进行调研来推断所有企业的生产经营状况。

总量指标的计算绝不仅仅是一个简单汇总的技术问题,在实际运用时需注意以下几点。首先,必须考虑到研究对象的同类性。不同种类实物的总量指标的数值不能简单相加,只有相同类型实物的总量指标才可以加总。例如,可将早稻、中稻、晚稻视为同类产品进行加总,但早稻不可以和玉米一起计算总量。其次,每项总量指标的统计内涵必须明确。例如,企业的利税总额指标有的时候是以规模以上企业为统计口径,而有的时候是以大中型企业为统计口径,尽管使用的是同一个指标,但其内涵不同也会得到不同的结果。最后,计量单位必须统一,同类研究对象的总量指标的计量单位相同时才可以加总,否则需要先换算成统一的计量单位再进行加总。例如,根据支出法,国内生产总值可以由消费、投资、政府购买和净出口相加得到,但是海关在统计进出口数据时通常是以美元为计量单位,这就需要先将以美元

计价的进出口金额按照人民币兑美元汇率换算成以元为计量单位的金额数据,然后再与消费、投资、政府购买相加得到国内生产总值数据。

第二节　相对指标

一、相对指标的概念及作用

(一)相对指标的概念

要分析社会经济现象,仅使用总量指标进行研究是远远不够的。倘若要对现象展开更进一步的深入分析,就要对总体的内部结构和各部分之间的数量关系进行研究,因此要用到相对指标。

相对指标是用两个相互关联的指标的比值来反映社会经济现象的数量特征和数量关系的统计指标,又称相对数。例如,2016年国内生产总值比上年实际增长6.7%、户籍人口城镇化率为41.2%、服务业增加值占国内生产总值的比重为51.6%等都是相对指标。

(二)相对指标的作用

相对指标的作用主要包括以下几点。

(1)通过数量关系之间的对比,相对指标可以反映现象之间的相关程度和相对水平,这可以弥补总量指标的不足。例如,2016年某国货物进出口总额243386亿元,比上年下降0.9%,前者为总量指标,后者为相对指标,前者仅反映了总体规模,但不能刻画相对水平,而后者可以看出相对水平,是对前者的有效补充。

(2)能使原来无法直接比较的现象变为可比。例如,规模越大的企业,其利润总额也越多,因此从利润总额指标不好评价企业赢利能力,但采用利润率指标(用利润总额/销售总额表示)进行横向比较,可以对企业的赢利能力进行合理评价。

(3)能反映总体的内部结构特征,为深入分析现象提供重要依据。例如,分别计算三次产业增加值占国内生产总值的比重可以看出一国或地区的产业结构优化程度。又如,老年人人口占总人口的比重可以反映一国或地区的人口老龄化程度。

二、相对指标的种类及计算方法

相对指标按其作用和研究目的的不同,可分为结构相对指标、比例相对指标、强度相对指标、计划完成相对指标、比较相对指标和动态相对指标六种类型。

（一）结构相对指标

它是指用总体部分数值占总体全部数值的比重或比率来反映总体内部的结构和分布情况的统计指标，又称结构相对数。其计算公式为

$$结构相对数 = \frac{总体部分数值}{总体全部数值} \times 100\% \tag{3-1}$$

结构相对指标一般用百分数表示，其分子和分母既可以同时为总体的标志数值，也可以同时为总体单位数值。结构相对数由于是总体各部分数值与总体全部数值之比，因此，各部分比重总和为100%。

结构相对指标是社会经济统计分析中常用的一种指标，它可以使人们更深入理解总体内部结构的特征，揭示事物内部结构的动态变化过程及其发展趋势，反映对人力、物力、财力的利用效率和生产经营状况的好坏等。

例如，截至2016年年末，全国总人口138271万人，比上年年末增加809万人，其中城镇常住人口79298万人，占总人口比重（常住人口城镇化率）为57.35%，比上年年末提高1.25个百分点。户籍人口城镇化率为41.20%，比上年年末提高1.3个百分点。全年出生人口1786万人，出生率为12.95‰；死亡人口977万人，死亡率为7.09‰；自然增长率为5.86‰。全国人户分离的人口2.92亿人，其中流动人口2.45亿人。详见表3-1。

表3-1　2016年年末人口数及其构成

指　标	年末数（万人）	比　重（%）
全国总人口	138271	100.00
其中：城镇	79298	57.35
乡村	58973	42.65
其中：男性	70815	51.21
女性	67456	48.79
其中：0～15周岁（含不满16周岁）	24438	17.70
16～59周岁（含不满60周岁）	90747	65.60
60周岁及以上	23086	16.70
其中：65周岁及以上	15003	10.80

资料来源：国家统计局网站，http://www.stats.gov.cn/。

（二）比例相对指标

它是指同一总体的各组成部分的指标数值之比，用来反映总体内部的各组成部分之间的比例关系。其计算公式为

$$比例相对数 = \frac{总体某部分数值}{总体中另一部分数值} \times 100\% \tag{3-2}$$

比例相对指标既可以用百分数表示，也可以用比例的形式表示。例如，2016年国内生产总值743585亿元，其中，第一产业增加值63673亿元，第二产业增加值296548亿元，第三产业增加值383365亿元，第一、二、三产业增加值之比为1∶4.7∶6。又如，2014年，国家财

政科技支出为 6454.5 亿元,其中,中央财政科技支出为 2899.2 亿元,地方财政科技支出为 3555.4 亿元,则中央财政科技支出与地方财政科技支出的比例为 1∶1.23。

比例相对指标和结构相对指标具有相同的作用,均旨在反映总体内部结构的特征,只是研究的角度不同,侧重点有所差别,但两者相辅相成。结构相对指标反映的是一种包含关系,即分子是分母的一个组成部分,表明某一部分占总体的权重;比例相对指标反映的是一种并列关系,即总体的各组成部分之间的对比结果。

(三)强度相对指标

它是指两个性质不同但有一定联系的总量指标数值之比,用来反映现象的强度、密度和普遍程度。其计算公式为

$$强度相对指标=\frac{某一总量指标数值}{另一有联系而性质不同的总量指标数值}\times100\% \quad (3-3)$$

强度相对指标的数值一般用复合单位表示,它由分子指标和分母指标原有的计量单位组成。例如,2016 年我国全员劳动生产率为 94825 元/人,人口密度为 144 人/平方千米等。部分强度相对指标的数值用百分数或千分数等单位表示。例如,2016 年,全国共投入研究与试验发展(R&D)经费 15500 亿元,研究与试验发展经费投入强度(与国内生产总值之比)为 2.08%。

利用强度相对指标,其作用主要包括:(1)衡量一个国家、地区、部门的经济实力的强弱或经济发展水平的高低。例如,目前中国的 GDP 总量位居世界第二,但人均 GDP 排名较低。(2)反映和考核社会生产活动的效率。例如,利润率(利润与销售额之比)、资产的净资产收益率(净利润与总资产之比)等指标都是强度相对指标,可以反映企业经营管理水平的高低。(3)说明现象的密集或普遍程度。例如,人口密度(总人口与总土地面积之比)、互联网普及率(互联网上网人数与总人口之比)等指标可反映某一现象的密集度或普及程度。

(四)计划完成相对指标

它是指一定时期的实际完成数与计划数之比,用来检查、监督计划执行情况。其计算公式为

$$计划完成相对指标=\frac{实际完成数}{计划数}\times100\% \quad (3-4)$$

计划完成相对指标的数值一般用百分数表示,分子、分母在指标内涵、计算公式、计量单位等方面需保持一致。另外,由于计划数作为衡量计划完成情况的标准,故分子、分母不能互换位置。

由于计划指标的数值既可以是绝对数,也可以是相对数或平均数,因此,在实际计算计划完成相对指标时,要根据具体情况采用不同的计算形式。

(1)根据绝对数计算计划完成相对指标。其计算公式为

$$计划完成相对指标=\frac{实际水平}{计划水平}\times100\% \quad (3-5)$$

例如,某企业计划某年完成固定资产投资 1000 万元,实际完成 800 万元,则

$$固定资产投资计划完成相对指标 = \frac{800}{1000} \times 100\% = 80\%$$

(2)根据相对数计算计划完成相对指标。其计算公式为

$$计划完成相对指标 = \frac{实际完成数(\%)}{计划数(\%)} \times 100\% \tag{3-6}$$

在研究社会经济问题时,经常遇到计算计划完成相对指标的指标是相对指标,如劳动生产率提高率、资产收益率提高率等。例如,某企业计划劳动生产率提高 5%,实际提高 10%,则

$$劳动生产率计划完成相对指标 = \frac{1+10\%}{1+5\%} \times 100\% = 104.76\%$$

计算结果表明,该企业的劳动生产率提高率比计划多完成 4.76%。

(3)根据平均数计算计划完成相对指标。其计算公式为

$$计划完成相对指标 = \frac{实际平均水平}{计划平均水平} \times 100\% \tag{3-7}$$

例如,某地区计划人均 GDP 达到 50000 元/人,该地区人均 GDP 实际达到 58980 元/人,则

$$人均 GDP = \frac{58980}{50000} \times 100\% = 117.96\%$$

计算结果表明,该地区人均 GDP 超额 17.96% 完成任务。

(五)比较相对指标

它是指将两个同类指标进行静态比较得出的综合指标,用来表明同类事物在不同空间条件下的数量对比结果,一般用百分数或倍数表示。其计算公式为

$$比较相对指标 = \frac{某条件下的某类指标数值}{另一条件下的同类指标数值} \times 100\% \tag{3-8}$$

根据研究目的和方式不同,比较相对指标的分子和分母可以互换。比较相对指标既可以用总量指标进行对比,也可以用相对指标或平均指标进行对比。但由于总量指标易受总体范围大小的影响,因而,计算比较相对指标时更多地采用相对指标或平均指标。

(六)动态相对指标

它是指同类指标在不同时期上的对比结果,用来说明事物发展变化的方向和程度,一般用百分数或倍数表示。其计算公式为

$$动态相对指标 = \frac{报告期水平}{基期水平} \times 100\% \tag{3-9}$$

式 3-9 中,报告期是指所要研究和说明的时期,也称计算期。而基期是用来作为比较的时期,根据研究目的和需要,基期的选择可以是前期、上年同期或者具有实际意义的时期。

动态相对指标在统计研究中有着广泛的应用,将在第五章详细阐述。

三、应用相对指标需注意的问题

(一)注意两个对比指标的可比性

可比性是计算和运用相对指标的重要前提。可比性是指对比的两个指标在内容上相互联系,在总体范围及指标统计口径上具有一致性或适应性。此外,相对指标的计算方法及计量单位也应注意是否可比。

(二)运用相对指标时要结合总量指标

无论哪种统计指标都有其优势和劣势。相比于相对指标,总量指标在反映事物发展的总规模和总水平方面更具优势,但往往较难反映事物内部结构特征;相比于总量指标,相对指标在反映现象之间的数量对比关系和差异程度方面更具优势,但无法衡量现象的总体概况。因此,唯有将相对指标和总量指标结合起来使用,才能全面准确地认识客观事物。

例如,净资产收益率(相对指标)越高并不一定代表企业的赢利能力越强。如果 A 企业的总资产为 20 万元,利润为 10 万元,其资产收益率为 50%,如果 B 企业的总资产为 2000 万元,利润为 500 万元,其资产收益率为 25%,尽管 A 企业的资产收益率比 B 企业大,但并不能就此说明 A 企业的赢利能力强于 B 企业,因为 A、B 企业的资产收益率指标中的基数(总资产)不同。因此,在实际运用相对指标时一定要结合总量指标对研究对象进行全面深入的分析。

(三)多种指标结合使用

单个相对指标仅从某一方面说明问题,而复杂现象的影响因素通常存在多个方面,因此,应结合运用多种相对指标从不同角度更加深入、全面分析问题。例如,要对某企业的生产经营情况进行评价,不仅要利用与生产情况相关的完成情况指标,还要计算强度相对指标以及生产发展的动态指标。又如,分析生产计划的完成情况,需要将品种计划、产量产值计划、成本计划、利润计划、劳动生产率计划等多个指标结合起来使用,比较、分析企业生产的情况。

第三节　平均指标

一、平均指标概述

(一)平均指标的概念及特点

平均指标又称平均数,是指社会经济现象总体内各单位某数量标志值在一定的时间、地点和条件下所达到的一般水平,是统计分析中十分重要的综合指标。例如,人均 GDP、地均GDP、年平均从业人数等都是平均指标。

平均指标具有三个明显的特点:第一,将数量差异抽象化。在同质总体内,将某一数量标志的差异抽象化,用以反映总体在具体条件下的一般水平。例如,在评价某地区的富裕程度时,一般使用人均 GDP 来反映当地的经济水平。第二,能反映总体分布的集中趋势。从变量的分布看,平均值靠近分布的中间位置,一般不会出现在分布的两头。换句话说,多数标志值分布在平均值附近,所以平均指标能够反映现象的集中趋势。第三,只能计算同类现象。计算平均指标的前提是平均指标的各单位必须具有同类性质,只有同类性质的现象计算平均指标才能真实反映客观情况,因为由不同性质的现象计算出的平均指标会掩盖事物的本质区别,从而得出错误的结论。

(二)平均指标的作用

平均指标作为总体分布的特征值和总体的代表值,在统计分析和统计研究中的作用包括以下几个方面。

(1)可用于了解总体分布的集中趋势。例如,用平均工资水平来衡量企业总体的员工工资水平,可以大致反映企业的劳动力成本,一般不会用个别员工的工资水平来代替。又如,用人均消费指标来衡量某地区的居民消费水平,能够反映当地居民消费的一般水平,该指标具有一定的代表性。

(2)可用于同类现象在不同空间条件下的对比。例如,工业企业的平均亩产税收、上市公司的每股收益、制造业的平均生产成本等。

(3)可用于同一现象在不同时期的对比。例如,各年的人均消费水平可以反映居民消费的动态变化趋势。

(4)可用于分析现象之间的依存关系和进行数量上的估算。例如,如果按企业性质类型、研发强度、出口类型等标志进行分组,计算企业的劳动生产率,则可以反映企业性质、研发强度、出口贸易对企业劳动生产率的影响。

在社会经济统计领域常用的平均指标有算术平均数、调和平均数、几何平均数、中位数和众数等。其中,算术平均数、调和平均数、几何平均数等是根据分布数列中各标志值计算得到的,称为数值平均数;中位数和众数等是根据分布数列中某些单位标志值所处的位置来确定的,称为位置平均数。各平均指标的计算方法、指标内涵、应用场合有所不同,但都可以反映总体各单位数列标志值的一般水平。

二、算术平均数

算术平均数是分析社会经济现象一般水平和典型特征最常见的一种平均指标,其计算公式为

$$算术平均数 = \frac{总体标志总量}{总体单位总数} \tag{3-10}$$

式 3-10 中,分子和分母指标为同一总体且在经济内容上有从属关系,分子数值是各分母单位特征的总和,两者在统计范围或口径上是一致的,反映总体标志值的平均分配情况。

例如,2016 年某上市公司的税后利润为 5000 万元,发行在外的普通股票 1000 万股,则该上市公司的每股收益为

$$每股收益 = \frac{5000 \text{ 万元}}{1000 \text{ 万股}} = 5(\text{元/股})$$

需要强调的是,平均数的计算方法在形式上与强度相对指标类似,因而要注意两者的区别。它们对比的分子项和分母项的关系不同。平均数是同一总体标志总量与总体单位总数之比,此处的标志总量是随着总体单位总数变化而变化;而强度相对指标是两个性质不同但有联系的总量指标之比,二者在数量上没有依存关系。

算术平均数根据具体计算方法的不同,可分为简单算术平均数和加权算术平均数两种。

(一)简单算术平均数

对于未分组的原始统计资料,如果掌握了总体各单位的标志值数据,可将各单位的标志值总和除以总体单位数,这种计算平均数的方法为简单算术平均法。其计算公式为

$$\overline{X} = \frac{x_1 + x_2 + \cdots + x_N}{N} = \frac{\sum x_i}{N} \tag{3-11}$$

式 3-11 中,$\overline{X}$——简单算术平均数;

$\qquad$ x_i——第 i 个单位的标志值;

$\qquad$ N——总体单位总数。

例如,某地区 5 家重点企业的年利润总额分别为 230 万元、800 万元、685 万元、1800 万元和 520 万元,则该地区这 5 家企业的平均利润为

$$平均利润 = \frac{230 + 800 + 685 + 1800 + 520}{5} = 807(\text{万元})$$

(二)加权算术平均数

对于已经过分组整理形成了单项数列或组距数列的数据,可将各组标志值(组距数列为

组中值)乘以各组次数得到各组标志值之和,然后进行累加计算出总体标志值总量,再将其除以总体单位数,即得加权算术平均数。其计算公式为

$$\overline{X} = \frac{x_1 f_1 + x_2 f_2 + \cdots + x_N f_N}{f_1 + f_2 + \cdots + f_N} = \frac{\sum x_i f_i}{\sum f_i} \tag{3-12}$$

式3-12中,$\overline{X}$——加权算术平均数;

x_i——各组变量值(组距数列为组中值);

f_i——各组单位数;

$x_i f_i$——第i组的标志总和;

N——分组组数。

例如,某中学有100名教师,每名教师每周上课节数的单项数列如表3-2所示。

表3-2　每名教师每周上课节数情况

每周上课节数 x(节)	教师人数 f(人)	人数比重(%)
8	5	5
14	35	35
20	50	50
26	10	10
合计	100	100

$$平均每位教师每周上课节数 = \frac{8 \times 5 + 14 \times 35 + 20 \times 50 + 26 \times 10}{5 + 35 + 50 + 10} = 17.9(节)$$

上述计算结果表明,平均数的大小,既受到各组变量值(x)的影响,同时也与各组单位数f的大小有关,即f越大,平均值受该组变量值的影响就越大;反之越小。各组单位数对平均数的影响起到类似于权重的作用,而各组标志值与次数相乘(xf),则称为加权平均数。简单平均数可以看成是加权平均数的特例,因为当各组单位数相同时,有

$$\overline{X} = \frac{\sum xf}{\sum f} = \frac{f \sum x}{nf} = \frac{\sum x}{n} \tag{3-13}$$

权数既可以用绝对数表示,也可以用各组单位数占总体单位数的比重,即用$f / \sum f$来表示,次数加权平均数的计算公式为

$$\overline{X} = \frac{\sum xf}{\sum f} = \sum x \frac{f}{\sum f} = x_1 \frac{f_1}{\sum f} + x_2 \frac{f_2}{\sum f} + \cdots + x_n \frac{f_n}{\sum f} \tag{3-14}$$

因此,如果已知各组标志值和各组单位数比重时,可以相对数为权数计算平均数。仍以上述资料为例,以相对数进行加权运算:

平均每位教师每周上课节数 = $8 \times 5\% + 14 \times 35\% + 20 \times 50\% + 26 \times 10\% = 17.9(节)$

三、调和平均数

调和平均数又称倒数平均数,它首先是对变量的倒数求平均数,然后再取倒数得到的平均数。由于掌握的统计资料不同,调和平均数也有简单调和平均数和加权调和平均数两种计算形式。

简单调和平均数的计算公式为

$$\overline{X} = \frac{1}{\dfrac{\dfrac{1}{x_1} + \dfrac{1}{x_2} + \cdots + \dfrac{1}{x_N}}{N}} = \frac{N}{\dfrac{1}{x_1} + \dfrac{1}{x_2} + \cdots + \dfrac{1}{x_N}} = \frac{N}{\sum \dfrac{1}{x_i}}, i = 1, 2, \cdots, N \quad (3\text{-}15)$$

例如,以某城市甲、乙、丙、丁四个楼盘的商品住房价格为例(见表3-3),计算简单调和平均数的过程如下。

表 3-3 某城市的商品住房销售情况

城 市	商品住房价格(万元/平方米)	销售面积(万平方米)
甲	0.8	5.5
乙	0.5	6.0
丙	2.0	4.0
丁	2.5	8.0

根据简单调和平均数的计算公式,有

$$\text{商品住房平均销售价格} = \frac{4}{\dfrac{1}{0.8} + \dfrac{1}{0.5} + \dfrac{1}{2.0} + \dfrac{1}{2.5}} = 0.9639(\text{万元/平方米})$$

加权调和平均数的计算公式为

$$\overline{X} = \frac{1}{\dfrac{\dfrac{m_1}{x_1} + \dfrac{m_2}{x_2} + \cdots + \dfrac{m_N}{x_N}}{N}} = \frac{m_1 + m_2 + \cdots + m_N}{\dfrac{m_1}{x_1} + \dfrac{m_2}{x_2} + \cdots + \dfrac{m_N}{x_N}} = \frac{\sum m_i}{\sum \dfrac{m_i}{x_i}}, i = 1, 2, \cdots, N \quad (3\text{-}16)$$

式 3-16 中,m_i——加权权数。

例如,仍以表3-3中的数据为例,则根据加权调和平均数的计算公式,有

$$\text{商品房平均销售价格} = \frac{5.5 + 6.0 + 4.0 + 8.0}{\dfrac{5.5}{0.8} + \dfrac{6}{0.5} + \dfrac{4}{2.0} + \dfrac{8}{2.5}} = 0.976(\text{万元/平方米})$$

在实际运用调和平均数时,应注意如下几点:第一,如果存在某变量的数值为 0 的情况,则无法计算调和平均数;第二,它作为数值平均数的一种,同样容易受极端值的影响,且受极小值的影响要大于受极大值的影响,但和算术平均数相比,调和平均数受极端值的影响要小。

四、几何平均数

几何平均数又称对数平均数,它是所有变量值连乘之积再开项数次方的算术根,如果所有变量值的连乘之积等于总比率或总速度时,适合采用几何平均数计算平均比率或平均速度。例如,几何平均数常用于发展速度、本金利息比率等变量的平均。

根据掌握的社会经济资料是否分组,几何平均数也可分为简单几何平均数和加权几何平均数两种类型,前者适用于未分组的资料,后者适用于已分组的资料。

(一)简单几何平均数

简单几何平均数是 N 个变量数值的连乘之积再开 N 次方根,其计算公式为

$$\overline{X} = \sqrt[N]{x_1 x_2 \cdots x_N} = \sqrt[N]{\prod_{i=1}^{N} x_i} \tag{3-17}$$

式 3-17 中,$\overline{X}$——简单几何平均数;

x_i——被平均的变量;

N——变量个数。

在实际工作中,通常应用对数形式来计算几何平均数。将上述公式两边取对数,则有

$$\lg\overline{X} = \frac{1}{N}(\lg x_1 + \lg x_2 + \cdots + \lg x_N) \tag{3-18}$$

例如,以我国人民币实际有效汇率指数 2001—2015 年期间的数据为例(见表 3-4),说明几何平均数的计算方法。

表 3-4 人民币实际有效汇率指数年度数据(2001—2015 年)

年　份	人民币实际有效汇率指数	年升值速度	年升值速度的对数
2000 年	91.48	—	—
2001 年	95.42	104.31	2.02
2002 年	93.21	97.69	1.99
2003 年	87.11	93.45	1.97
2004 年	84.76	97.30	1.99
2005 年	84.25	99.40	2.00
2006 年	85.57	101.56	2.01
2007 年	88.93	103.92	2.02
2008 年	97.10	109.20	2.04
2009 年	100.40	103.40	2.01
2010 年	100.00	99.60	2.00

年　　份	人民币实际有效汇率指数	年升值速度	年升值速度的对数
2011 年	102.69	102.69	2.01
2012 年	108.44	105.60	2.02
2013 年	115.30	106.32	2.03
2014 年	118.99	103.20	2.01
2015 年	131.63	110.62	2.04
合　计	—	—	30.16

资料来源:《中国统计年鉴 2016》,中国统计出版社,2016 年。

根据简单几何平均数的计算公式,则 2001—2015 年人民币实际有效汇率的平均升值速度为

$$\overline{X} = \sqrt[N]{\prod x_i} = \sqrt[15]{104.31\% \times 97.69\% \times \cdots \times 110.62\%} = 102.45\%$$

计算对数形式的简单几何平均数,可先将人民币实际有效汇率年升值速度取对数,计算结果如下:

$$\lg\overline{X} = \frac{\sum \lg X}{N} = \frac{30.16}{15} = 2.01$$

$$\overline{X} = 10^{\lg\overline{X}} = 10^{2.01} = 102.45$$

上述结果说明,2001—2015 年期间我国人民币实际有效汇率年平均升值速度为 102.45%,即年升值率为 2.01%。

(二)加权几何平均数

如果各个变量的次数不同时,则需使用加权几何平均数,其计算公式为

$$\overline{X} = \sqrt[f_1+f_2+\cdots+f_N]{x_1^{f_1} x_2^{f_2} \cdots x_N^{f_N}} = \sqrt[\sum f_i]{\prod_{i=1}^{N} x_i^{f_i}} \qquad (3-19)$$

式 3-19 中,f——各变量的次数或权重。

将上述公式两边分别取对数,则有

$$\lg\overline{X} = \frac{1}{\sum f_i}(f_1\lg x_1 + f_2\lg x_2 + \cdots + f_N\lg x_N) \qquad (3-20)$$

例如,某投资公司的一项长期投资的年利率是按复利计算的,25 年间利率的分配情况为:有 1 年为 3%,有 4 年为 5%,有 8 年为 8%,有 10 年为 10%,有 2 年为 15%,具体情况见表 3-5。

根据对数形式的几何加权平均数计算公式,先将各年的利率加上 100% 得到各年的本利率,然后计算平均年本利率,再减去 100% 得到平均年利率。

表 3-5　某投资公司一项长期投资的年利率数据

年利率(%)	年本利率(%)	年　数	年本利率对数	年本利率的对数乘以年数
8	108	2	2.03	4.06
10	110	8	2.04	16.32
12	112	7	2.05	14.35
15	115	3	2.06	6.18
合　计	—	20	—	40.91

计算结果如下：

$$\lg\overline{X} = \frac{\sum f_i \lg x_i}{\sum f_i} = \frac{40.91}{20} = 2.05$$

$$\overline{X} = 10^{\lg\overline{X}} = 10^{2.05} = 111.23$$

以上计算结果说明该投资公司的年本利率为 111.23%，年平均利率为 11.23%（11.23% = 111.23% − 100%）。

五、中位数

中位数是指将现象总体各单位的标志值按大小顺序排列，居于中间位置的那个标志值。它将所有标志值分成标志值个数相同的两个部分，一半标志值比它大，另一半标志值比它小。

当分布数列中存在个别极大值或极小值等异常值的情况时，中位数比算术平均数更能反映现象的一般水平，因为前者属于位置平均数，受极端值的影响较小；此外，如果无法直接计量时，也可用中位数替代算术平均数。例如，某射击运动员在比赛中的成绩分别为 9 环、10 环、8 环、9 环、2 环，按平均数计算，该运动员的平均成绩为 7.6 环，显然无法准确反映其真实水平。如果采用中位数计算，该运动员的平均成绩为 9 环，则比平均数更具有代表性。

根据掌握的原始数据资料不同，中位数的计算方法也不同。

（一）由未分组资料计算中位数

首先将某个标志值按大小顺序对原始数据进行排列，然后用下面公式确定中位数的位置：

$$中位数位置 = \frac{N+1}{2} \tag{3-21}$$

式 3-21 中，N——标志值个数。

如果 N 为奇数，则处于中间位置的那个标志值即为中位数。

例如，某班级在期中考试中的数学成绩排名前 9 位的学生资料见表 3-6。

表 3-6　某班级期中考试数学成绩

序　号	性　别	成　绩(分)
1	男	98
2	男	97
3	女	97
4	男	95
5	女	93
6	女	90
7	女	90
8	男	89
9	女	88

根据上述资料,中位数的位置为

$$\frac{N+1}{2}=\frac{9+1}{2}=5$$

则前 9 位学生的数学成绩的中位数为 93 分。

如果 N 为偶数,则处于中间位置的两项标志值的算术平均值即为中位数。

例如,根据麦可思研究发布的调查报告数据,2016 届本科毕业生毕业三年后平均月薪排名前 20 位的专业如表 3-7 所示。

表 3-7　2016 届本科毕业生毕业三年后平均月薪

序　号	主要本科专业名称	毕业三年后平均月薪(元)
1	建筑学	7747
2	软件工程	7432
3	保险	7152
4	信息工程	7102
5	信息安全	6864
6	金融学	6674
7	机械电子工程	6536
8	电子科学与技术	6438
9	材料物理	6272
10	网络工程	6192
11	统计学	6085
12	城市规划	6048
13	微电子学	6027
14	光信息科学与技术	6010
15	给水排水工程	5980
16	车辆工程	5925

续 表

序 号	主要本科专业名称	毕业三年后平均月薪(元)
17	药学	5922
18	工程力学	5899
19	土地资源管理	5888
20	市场营销	5866

根据上述毕业生平均月薪的资料,20个专业的平均月薪的中位数为

$$\frac{N+1}{2} = \frac{20+1}{2} = 10.5$$

即中位数位于第10个和第11个之间的中间位置,因此这20个专业的毕业生平均月薪的中位数为

$$\frac{6192+6085}{2} = 6138.5(元)$$

(二)由单项数列计算中位数

首先,根据下面公式确定中位数位置,公式为

$$中位数位置 = \frac{\sum f_i}{2} \tag{3-22}$$

式3-22中,$\sum f_i$——总体单位数之和。

其次,计算各组的累计次数(向上累计次数或向下累计次数)。最后,根据中位数的位置找出中位数。

例如,某基金公司投资的国债按利率水平分组资料见表3-8。

表3-8 某基金公司投资的国债利率水平

按利率水平分组	国债数量(张)	国债数量累计	
		以下累计	以上累计
4%	10	10	100
4.5%	20	30	90
5%	30	60	70
5.5%	20	80	40
6%	15	95	20
6.5%	5	100	5
合 计	100	—	—

根据上述资料,中位数的位置(100/2=50)在国债利率水平为5%的这一组中,所以该基金公司投资的国债利率水平的中位数为5%。

（三）由组距数列资料计算中位数

与单项数列计算中位数类似，由变量数列的组距数列求中位数，同样要先按中位数位置＝ $\dfrac{\sum f_i}{2}$ 的公式确定中位数的位置，然后再按照下限公式或上限公式计算中位数。

下限公式（向上累计时使用）为

$$M = L + \frac{\dfrac{\sum f_i}{2} - S_{m-1}}{f} \times i \qquad (3\text{-}23)$$

式 3-23 中，L——中位数所在组的下限；

f——中位数所在组的次数；

S_{m-1}——中位数组前一组的累计次数（其累计次数按向上累计计算）；

i——中位数所在组的组距。

上限公式（向下累计时使用）为

$$M = U - \frac{\dfrac{\sum f_i}{2} - S_{m+1}}{f} \times i \qquad (3\text{-}24)$$

式 3-24 中，U——中位数所在组的下限；

S_{m+1}——中位数组前一组的累计次数（其累计次数按向下累计计算）。

例如，表 3-9 是我国第六次人口普查按年龄分组的资料，现计算我国人口年龄的中位数。

表 3-9　我国第六次人口普查数据

按年龄分组（岁）	人口数量		累计次数
	绝对数 f（人）	比重（%）	
0～4	75532610	5.67	75532610
5～9	70881549	5.32	146414159
10～14	74908462	5.62	221322621
15～19	99889114	7.49	321211735
20～24	127412518	9.56	448624253
25～29	101013852	7.58	549638105
30～34	97138203	7.29	646776308
35～39	118025959	8.86	764802267
40～44	124753964	9.36	889556231
45～49	105594553	7.92	995150784
50～54	78753171	5.91	1073903955
55～59	81312474	6.10	1155216429

| 按年龄分组（岁） | 人口数量 | | 累计次数 |
	绝对数 f（人）	比重（%）	
60～64	58667282	4.40	1213883711
65～69	41113282	3.08	1254996993
70～74	32972397	2.47	1287969390
75～79	23852133	1.79	1311821523
80 及以上	20989346	1.58	1332810869
合　计	1332810869	100.00	—

资料来源：国家统计局网站，http://www.stats.gov.cn/。

第一步，中位数的位置 $\dfrac{\sum f_i}{2}=\dfrac{1332810869}{2}=666405435$（人），根据累计次数可知，中位数应该在 35～39 岁这组内。

第二步，假设中位数所在组的数列服从正态分布，根据上限公式（或下限公式），可计算中位数为

$$M=35+\frac{666405435-646776308}{118025959}\times4=35.67$$

即我国人口年龄的中位数为 35.67 岁。

六、众数

众数是指总体中出现次数最多的标志值，它能直观反映分布数列的集中趋势。众数是一种位置平均数，不易受极端值的影响，在实际生活中有着广泛的应用。例如，学生的考试成绩中出现频率最高的那个分数，每年旅游人数最多的那个月份，等等。

（一）单项数列计算众数的方法

可直接观察次数，出现次数最多的标志值即为众数。例如，某服装店销售的男士衬衫尺码的数据如表 3-10 所示。

表 3-10　某服装店销售的男士衬衫尺码

尺　码	衬衫数量（件）	比　重（%）
37	8	8
38	12	12
39	20	20
40	30	30
41	18	18
42	12	12
合　计	100	—

上述资料显示,衬衫尺码为 40 的销量最多,有 30 件,占所有衬衫销售数量的比重为 30%,因此,该服装店销售的男士衬衫尺码的众数为 40。

（二）组距数列计算众数

先根据各组的次数分布情况确定出众数所在组,然后再利用上限公式或下限公式确定众数。其计算公式如下。

$$下限公式：M = L + \frac{d_1}{d_1 + d_2} \times i \qquad\qquad (3\text{-}25)$$

$$上限公式：M = U - \frac{d_2}{d_1 + d_2} \times i \qquad\qquad (3\text{-}26)$$

式 3-25、式 3-26 中，L——众数组下限；

$\qquad\qquad$ U——众数组上限；

$\qquad\qquad$ d_1——众数组次数与前一组次数之差；

$\qquad\qquad$ d_2——众数组次数与后一组次数之差；

$\qquad\qquad$ i——众数组的组距。

例如,某班 40 名学生的统计学考试成绩分布情况如表 3-11 所示。

表 3-11　某班 40 名学生的统计学考试成绩

按成绩分组	学生数（人）	向上累计（人）	向下累计（人）
60 分以下	4	4	40
60～69 分	6	10	36
70～79 分	20	30	30
80～89 分	7	37	10
90 分以上	3	40	3
合　计	40	—	—

从上述数据可以发现,分数在 70～79 的学生数量最多,有 20 位学生,占到了总学生人数的一半。根据组距数列众数的计算公式,则 40 名学生的统计学考试成绩的众数为

$$M = 70 + \frac{(20-6)}{(20-6)+(20-7)} \times 10 = 75.19$$

需要特别注意的是,在运用众数的计算公式时,通常假定数据分布具有明显的集中趋势,且是对称分布。如果这些假定不成立,则众数的代表性就会减弱。

七、运用和计算平均指标时应注意的问题

在经济社会统计中,常用的平均指标有算术平均数、调和平均数、几何平均数、中位数和众数等,它们各自的计算方法、指标含义、适用范围不同,对同一资料的计算结果也不同。因此,应根据研究目的的需要和数据的分布特征,来正确运用和计算平均指标。

(1)平均指标只能适用于同质总体。如果将不同性质的现象混在一起计算平均指标,会导致无法正确反映事物总体的一般水平。

(2)用组平均数补充说明总平均数。总平均数是以同质总体计算得到的平均数,反映的是现象总体的一般水平。但总平均数抽象了总体内部各单位标志值之间的差异,这就需要通过计算总体内部的组平均数来对总平均数进行补充说明。

(3)从分配数列出发,将平均指标与离散指标相结合。平均指标只反映了现象的一般水平,掩盖了各总体单位的差异及其分配情况。如果要准确分析现象的总体情况,就必须把平均指标与离散指标相结合,这样可以从集中趋势和离散趋势两个不同的角度全面研究数据的统计特征。

第四节 数据分布的特征指标(离散、偏度、峰度)

一、分布的离散程度

数据分布的数值特征主要包括三个方面:一是数据分布的集中趋势,用平均指标描述;二是数据分布的离散趋势,用变异指标描述;三是数据分布的对称、偏斜的程度,用偏度和峰度描述。数据分布的集中趋势的相关内容已在本章第三节详述,本节仅讨论数据分布的离散趋势、偏度和峰度。

分布的离散程度,也称离中程度或标志变动度,是指标志值偏离中心位置的程度,反映所有标志值偏离中心的分布情况。前述平均指标,是把同质总体各个单位的数量差异抽象化,以反映总体内部标志值的集中趋势。离散程度则可以反映总体内部的离散趋势或变异情况,捕捉同质总体中各单位标志值的差异。

离散程度的作用可归纳为以下几点。

第一,评价平均指标的代表性。离散程度越小,说明平均指标的代表性越强;离散程度越大,说明平均指标的代表性越弱。

例如,在某次期末考试中 A、B 两位学生的各科成绩如表 3-12 所示。

表 3-12 某次考试 A、B 两位学生的各科成绩

学 生	语文(分)	数学(分)	英语(分)	物理(分)	化学(分)	平均值(分)
A	82	80	78	77	83	80
B	60	90	80	71	99	80

A、B学生的五门成绩的平均值都为 80 分,A 的各门课程的成绩相差不大,相对比较集中,但是,B 的各门课程的成绩相差很大,分布非常分散。因此,尽管 A 和 B 的平均成绩都是 80 分,对 A 而言,平均数能较好地反映其学习成绩情况,具有一定的代表性;然而,对 B

而言,平均数未能反映其学习成绩的一般水平,代表性较差。

第二,衡量社会生产和其他经济活动的均衡性。离散程度可以反映社会经济活动的均衡性和协调性,以及产品质量的稳定性。因此,可作为评价经济管理工作和产品质量控制的重要依据。

例如,A、B 两家企业某年的生产计划完成情况如表 3-13 所示。

表 3-13　A、B 两家企业某年的生产计划完成情况

企　业	生产计划完成百分比(%)				
	年度总生产计划执行结果	第一季度	第二季度	第三季度	第四季度
A	100	22	25	28	25
B	100	25	10	10	55

从表 3-13 中的资料看,A、B 企业都完成了计划生产任务,但是两者完成计划的均衡性完全不同。A 企业比较均衡地完成了计划,但是 B 企业前三个季度仅完成总计划的 45%,第四季度则完成了 55%,生产过程非常不均衡。

第三,刻画数据分布偏离正态的情况。直观上看,如果标志值的分布越集中,反映在直方图上频数分布的形态越尖;如果标志值的分布越分散,频数分布的形态越平缓。离散程度也可以测度这种现象。

测定离散程度的方法主要有极差、平均差、方差、标准差、离散系数等,现分别论述如下。

(一)极差与平均差

1.极差

极差又称全距,它是总体各单位标志的最大值与最小值之差,用来度量标志值变动范围的大小。极差是用于描述离散程度最简单的指标,其计算公式为

$$R = x_{\max} - x_{\min} \tag{3-27}$$

例如,在表 3-12 中,学生 A 的成绩的极差 $R = 83 - 77 = 6$(分),学生 B 的成绩的极差 $R = 99 - 50 = 49$(分),学生 B 的各门课程成绩的差异明显大于学生 A 的各门课程成绩的差异。极差值越大,说明标志值越分散;极差值越小,说明标志值越集中。

对于根据组距求极差,可以用最高组的上限减去最低组的下限得到极差的近似值。用公式表示,即为

$$R = U_{\max} - U_{\min} \tag{3-28}$$

式 3-28 中,$U_{\max}$——最高组的上限;

$\qquad U_{\min}$——最低组的下限。

极差的优点是计算简单,容易理解。但是,它只考虑了数列两端的数值,并没有考虑中间数值的差异情况,如果总体包含的单位数较多,极差就无法全面反映总体各单位标志的离散程度。

2.平均差

平均差是指总体各单位标志值对平均数的离差绝对值的平均数。由于各标志值与其平均值的离差之和为 0,因此,计算平均差时采用离差的绝对值之和求平均。平均差可以反映总体中各单位标志值变动的影响。平均差越大,说明平均指标的代表性越小;平均差越小,说明平均指标的代表性越大。

根据掌握的资料是否分组,平均差有简单平均差和加权平均差两种。前者是按照未分组的资料计算平均差,后者是按照已分组的资料计算平均差。

简单平均差的计算公式为

$$平均差\ A.D. = \frac{\sum |X - \overline{X}|}{N} \tag{3-29}$$

加权平均差的计算公式为

$$平均差\ A.D. = \frac{\sum |X - \overline{X}|f}{\sum f} \tag{3-30}$$

例如,某村的人口分布数据如表 3-14 所示。

表 3-14　某村的人口分布情况

按年龄分组(岁)	人口数量(人)	组中值	总年龄	$X - \overline{X}$	$|X - \overline{X}|f$
0～19	40	9.5	380	−36	1440
20～39	80	29.5	2360	−16	1280
40～59	100	49.5	4950	4	400
60～79	60	69.5	4170	24	1440
80～99	20	89.5	1790	44	880
合　计	300	—	13650	—	5440

根据表 3-14 的资料,该村的人口平均年龄为

$$\overline{X} = \frac{\sum Xf}{\sum f} = \frac{13650}{300} = 45.5$$

平均差为

$$A.D. = \frac{\sum |X - \overline{X}|f}{\sum f} = \frac{5440}{300} = 18.13$$

平均差是根据所有标志值计算得到的,比极差更能全面反映标志的离散程度。但是,由于平均差是以离差绝对值的形式计算的,不适合代数方法的运算,因此其应用受到较大限制。

(二)方差与标准差

方差与标准差是测度变量离散程度最常用的两个指标。标准差是方差的平方根,也称为均方差。根据掌握的资料是否分组,方差与标准差可分为两种不同计算形式的类型。

基于未分组资料的方差与标准差计算公式为

$$方差\ \sigma^2 = \frac{\sum(X-\overline{X})^2}{N} \tag{3-31}$$

$$标准差\ \sigma = \sqrt{\frac{\sum(X-\overline{X})^2}{N}} \tag{3-32}$$

基于分组资料的方差与标准差计算公式为

$$方差\ \sigma^2 = \frac{\sum(X-\overline{X})^2 f}{\sum f} \tag{3-33}$$

$$标准差\ \sigma = \sqrt{\frac{\sum(X-\overline{X})^2 f}{\sum f}} \tag{3-34}$$

例如,仍以表 3-14 的人口数据为例,方差和标准差的计算数据如表 3-15 所示。

表 3-15　未分组资料的方差和标准差的计算

按年龄分组(岁)	人口数量(人)	组中值	$X-\overline{X}$	$(X-\overline{X})^2 f$
0～19	40	9.5	−36	51840
20～39	80	29.5	−16	20480
40～59	100	49.5	4	1600
60～79	60	69.5	24	34560
80～99	20	89.5	44	38720
合　计	300	—	—	147200

$$方差\ \sigma^2 = \frac{\sum(X-\overline{X})^2 f}{\sum f} = \frac{147200}{300} = 490.67$$

$$标准差\ \sigma = \sqrt{\sigma^2} = 22.15$$

在实际运用中,为方便计算,有时可将上述标准差公式进行适当变换得到如下的标准差计算公式。

对于未分组资料的方差与标准差计算公式为

$$方差\ \sigma^2 = \frac{\sum(X-\overline{X})^2}{N} = \frac{\sum X^2}{N} - \overline{X}^2 \tag{3-35}$$

$$标准差\ \sigma = \sqrt{\frac{\sum(X-\overline{X})^2}{N}} = \sqrt{\frac{\sum X^2}{N} - \overline{X}^2} \tag{3-36}$$

对于已分组资料的方差与标准差计算公式为

$$方差\ \sigma^2 = \frac{\sum(X-\overline{X})^2 f}{\sum f} = \frac{\sum X^2 f}{\sum f} - \overline{X}^2 \tag{3-37}$$

$$标准差\ \sigma = \sqrt{\frac{\sum(X-\overline{X})^2 f}{\sum f}} = \sqrt{\frac{\sum X^2 f}{\sum f} - \overline{X}^2} \tag{3-38}$$

例如,仍以表3-14的资料为例,前面已计算出 $\overline{X}=45.5$,标准差的计算数据如表3-16所示。

表3-16　已分组资料的方差和标准差的计算

按年龄分组(岁)	人口数量(人)	组中值	X^2	$X^2 f$
0~19	40	9.5	90.25	3610
20~39	80	29.5	870.25	69620
40~59	100	49.5	2450.25	245025
60~79	60	69.5	4830.25	289815
80~99	20	89.5	8010.25	160205
合　计	300	—	—	768275

$$方差\ \sigma^2 = \frac{\sum (X-\overline{X})^2 f}{\sum f} = \frac{\sum X^2 f}{\sum f} - \overline{X}^2 = \frac{768275}{300} - 45.5^2 = 490.67$$

$$标准差\ \sigma = \sqrt{\sigma^2} = \sqrt{\frac{\sum X^2 f}{\sum f} - \overline{X}^2} = 22.15$$

(三)离散系数

上述各种离散程度指标,包括极差、平均差、方差、标准差,都有与平均指标相同的计量单位。这些指标的数值大小不仅与标志值的离散程度有关,而且还与标志值自身绝对水平有关。因此,对于具有不同规模或绝对水平的变量,不宜直接使用离散程度指标来比较它们的离散程度,而应采用反映变量离散程度的相对指标,即离散系数。

离散系数又称变异系数,是各离散程度指标与其算术平均数的比值。各种离散程度指标都可以用来计算离散系数,反映总体各单位标志值的相对离散程度。例如,将极差除以其平均数,得到极差系数;将标准差除以其平均数,得到标准差系数。但最常用的离散系数还是标准差系数,其计算公式为

$$V = \frac{\sigma}{\overline{X}} \times 100\% \qquad (3-39)$$

例如,某国债的平均收益率为 2%,收益率标准差为 0.36%,标准普尔 500 指数的平均收益率为 10%,收益率标准差为 7%。

计算出国债和标准普尔 500 指数的变异系数为

$$V_1 = \frac{0.36\%}{2\%} \times 100\% = 18\%,\ V_2 = \frac{7\%}{10\%} \times 100\% = 70\%$$

可以看出,尽管标准普尔 500 指数的平均收益率比国债要高,但是前者的变异系数更大,其平均数的代表性也越差。

二、分布的偏度

变量数列的钟形分布有对称和非对称之分,非对称分布又包括左偏态和右偏态。为了

准确测度分布的偏斜程度和进行现象的数量特征对比分析,通常需要计算分布的偏度。偏度的计算方法较多,现仅对较为常用的矩法进行介绍。

矩又称动差,统计学将其用来描述数据分布的离散情况。k 阶矩的一般形式为 $\dfrac{\sum X^k f}{\sum f}$,这也是原点矩的基本形式。显然,当 k 的值取 1 时,即 1 阶原点矩就是算术平均数。

将原点矩推广至更为一般的形式,即可得到中心距。中心距是用各组的标志值对其算术平均值的距,其计算公式为 $\dfrac{\sum (X-\overline{X})^k f}{\sum f}$,当 k 等于 2 时,即 2 阶中心距正式方差的计算公式。此外,从中心距的计算公式可以看出,原点矩其实是中心距的一种特殊情况。

偏度,是以变量的 3 阶中心距除以标准差的 3 次方,来反映数据分布的非对称程度或偏斜程度的指标。其计算公式为

$$\alpha = \frac{U_3}{\sigma_3} = \frac{\sum (X-\overline{X})^3 f}{\sigma^3 \sum f} \tag{3-40}$$

式 3-40 中,α——偏度;

$\qquad$ U_3——3 阶中心距;

$\qquad$ σ_3——标准差的 3 次方。

不难看出,偏度指标也是 3 阶中心距以标准差的 3 次方为单位的离散系数。当数据分布为正态分布时,标志值的频数分布呈左右对称的形态,3 阶中心距为 0,偏度也为 0;当频数分布呈非对称形态时,3 阶中心距不为 0,偏度也不为 0。当偏度大于 0 时,则称数据分布是正偏斜的;反之,当偏度小于 0 时,则称数据分布是负偏斜的。

例如,仍以表 3-14 的资料为例,根据前面的计算结果可知,$\overline{X}=45.5$,$\sigma=22.15$,偏度的计算数据如表 3-17 所示。

表 3-17　偏度的计算

按年龄分组(岁)	人口数量(人)	组中值	$(X-\overline{X})^3$	$(X-\overline{X})^3 f$
0~19	40	9.5	−46656	−1866240
20~39	80	29.5	−4096	−327680
40~59	100	49.5	64	6400
60~79	60	69.5	13824	829440
80~99	20	89.5	85184	1703680
合　计	300	—	—	345600

根据偏度的计算公式,有

$$偏度\ \alpha = \frac{\sum (X-\overline{X})^3 f}{\sigma^3 \sum f} = \frac{345600}{22.15^3 \times 300} = 0.11 > 0$$

从计算结果可知,偏度的系数为正值,但数值较小,说明该村的人口年龄分布为右偏分布。

三、分布的峰度

峰度是用变量的 4 阶中心距除以标准差的 4 次方,并将其计算结果减去 3,来反映数据分布的集中程度的指标。其计算公式为

$$\beta = \frac{U_4}{\sigma_4} - 3 = \frac{\sum (X - \overline{X})^4 f}{\sigma^4 \sum f} - 3 \tag{3-41}$$

式 3-41 中,β——峰度;

$\qquad U_4$——4 阶中心距;

$\qquad \sigma_4$——标准差的 4 次方。

在峰度的计算公式中,之所以用 4 阶中心距除以标准差的 4 次方后减去 3,是因为正态分布的 4 阶中心距离散系数等于 3。这样,峰度指标是以正态分布为参照标准,反映分布曲线的尖峭程度。

当峰度大于 0 时,说明数据分布比正态分布更集中,分布曲线呈尖峰的形态,平均数的代表性相对更强;当峰度小于 0 时,数据分布比正态分布更分散,分布曲线呈平缓的形态,平均数的代表性相对更弱。

例如,仍以表 3-14 的资料为例,峰度的计算数据如表 3-18 所示。

表 3-18　峰度的计算

按年龄分组(岁)	人口数量(人)	组中值	$(X - \overline{X})^4$	$(X - \overline{X})^4 f$
0~19	40	9.5	1679616	67184640
20~39	80	29.5	65536	5242880
40~59	100	49.5	256	25600
60~79	60	69.5	331776	19906560
80~99	20	89.5	3748096	74961920
合　计	300	—	—	167321600

根据峰度的计算公式,有

$$\text{峰度} \; \beta = \frac{\sum (X - \overline{X})^4 f}{\sigma^4 \sum f} - 3 = \frac{167321600}{22.15^4 \times 300} - 3 = -0.68 < 0$$

从计算的结果可知,峰度的数值为负,说明该村人口的年龄分布为平峰分布,即相比正态分布的数据而言更为分散。

第五节　用 Excel 进行数据分析:描述性统计分析

在进行数据分析时,通常先对数据进行描述性统计分析,以揭示数据的分布特征,然后再选择进一步的统计分析方法。描述性统计分析主要包括数据的频数分析、集中趋势分析、离散程度分析,以及一些基本的统计图形。常用的描述性统计指标有平均值、中位数、众数、方差、标准差等。

一、应用案例

以我国 1978—2015 年的 GDP 增速(图 3-1 为部分数据的截图)为例,要求得到 GDP 增速的平均值、区间、众数、方差、标准差等统计信息。

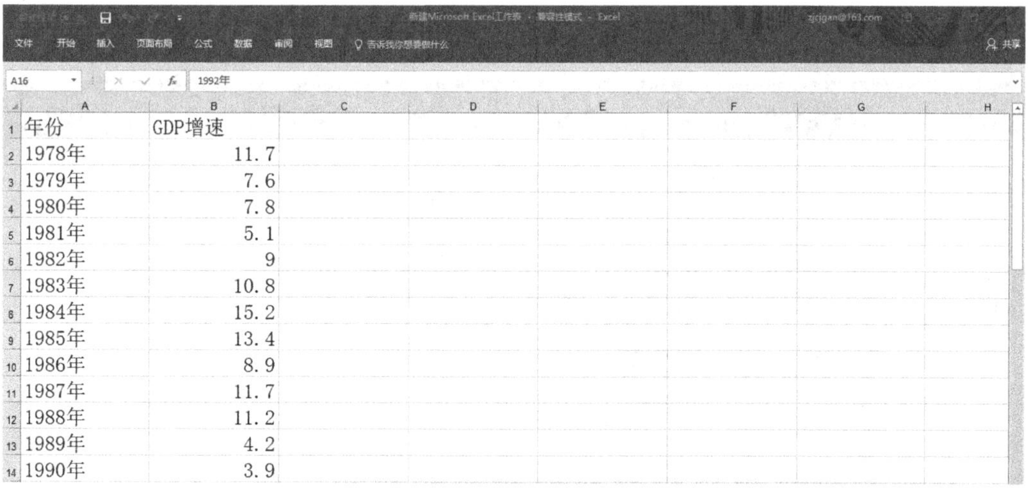

	A	B
1	年份	GDP增速
2	1978年	11.7
3	1979年	7.6
4	1980年	7.8
5	1981年	5.1
6	1982年	9
7	1983年	10.8
8	1984年	15.2
9	1985年	13.4
10	1986年	8.9
11	1987年	11.7
12	1988年	11.2
13	1989年	4.2
14	1990年	3.9

图 3-1　1978—2015 年我国 GDP 增速数据截图

二、具体操作步骤

(1)打开“数据”选项卡,选择“数据分析”(如果没有该选项,可先点击“文件”,选择“加载项”,点击“Excel 加载项”,选择“转到”,再点击“分析工具库”加载宏即可),出现“数据分析”对话框,如图 3-2 所示,选择“描述统计”,单击“确定”按钮,出现“描述统计”对话框。

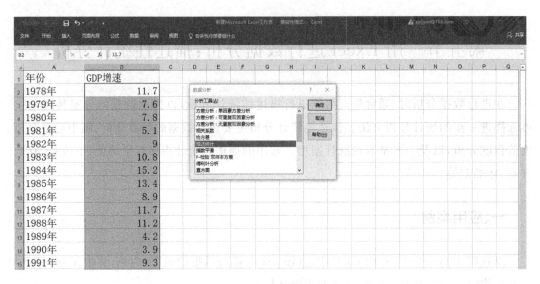

图 3-2　"数据分析"对话框

（2）在"描述统计"对话框进行相应的设置，如图 3-3 所示。

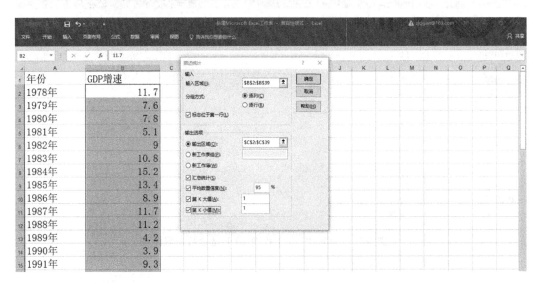

图 3-3　"描述统计"对话框

输入区域，选择多个行或列，勾选相应的分组方式（逐行/逐列）；如果数据有标志，则选择"标志位于第一行"；如果输入区域没有标志项，则复选框将被清除，Excel 将在输出表中生成数据标志。

输出区域可选择本表、新工作表或新工作簿。

汇总统计包括均值、标准误差、中位数、众数、标准差、方差、峰度、偏度、区域、最小值、最大值、总和、观测数和置信度等。

(3)描述统计数据分析的结果如图 3-4 所示。

年份	GDP增速		
1978年	11.7	描述统计	
1979年	7.6		
1980年	7.8	平均	9.6810811
1981年	5.1	标准误差	0.4432144
1982年	9	中位数	9.4
1983年	10.8	众数	7.8
1984年	15.2	标准差	2.695968
1985年	13.4	方差	7.2682432
1986年	8.9	峰度	-0.0675466
1987年	11.7	偏度	0.0416043
1988年	11.2	区域	11.3
1989年	4.2	最小值	3.9
1990年	3.9	最大值	15.2
1991年	9.3	求和	358.2
1992年	14.2	观测数	37
1993年	13.9	最大(1)	15.2
1994年	13	最小(1)	3.9
1995年	11	置信度(95.0%)	0.8988805
1996年	9.9		
1997年	9.2		

图 3-4   描述统计数据分析结果

习题

|第四章|
抽样调查

课件 📄

抽样方法存在的必要性源于人力、时间的有限性与总体单位大量性的矛盾。抽样方法的发展得益于研究随机现象的概率论的发展。而抽样方法存在与发展的本质基础是部分与整体的同构性。抽样调查是统计调查的主体方法。抽样推断几乎是各种统计分析方法的基础,并贯穿于各种统计分析方法之中。因而抽样方法是极其重要的。

抽样的核心理念是用样本信息反映总体信息。这里假设信息的获得存在成本,这种成本主要包括三个部分:(1)信息获得所需的时间与资金。(2)信息获得需要破坏个体。(3)信息获得可能存在错误。

第一节　抽样推断的概念和作用

一、抽样推断的概念及特点

(一)抽样推断的概念

人类的活动就是为了改造世界以适应自己的需要。改造世界必须首先认识世界。我们需要认识的对象在统计学上称为总体。由于总体单位的大量性、复杂性,使得直接对总体进行全面的调查研究成为相当困难甚至是不可能的事情。好在随着人类实践活动的发展和科学技术尤其是概率论的进展,人们发现可以通过对总体中部分单位的信息的了解来估计总体的数量特征,从而达到认识总体的目的。此所谓"窥一斑而见全豹",即统计学上的抽样推断法。

抽样推断法是人们认识事物、科学实验、社会调查和体验生活等认知活动中最常用的一种方法。小到品尝几只苹果而感知苹果的滋味,医生抽取病人的几滴血而获知病人的血象,大到对城市居民做抽样调查以得知居民的收入和消费水平,以及通过大规模的百分之一人口抽样调查而取得对人口普查的补充认识等,均是抽样推断的运用,其目的就是通过局部来了解整体。

抽样推断法包括抽样调查和抽样推断两部分。这里所说的抽样调查是指按照随机原则从全部总体单位中抽取部分单位进行调查、观察,获得各项数据。而抽样推断则是进一步运用概率论和数理统计的原理,根据抽样调查所取得的数据,对研究对象即总体的数量特征做出具有一定可靠程度的估计和判断,达到对研究对象总体的认识。

(二)抽样推断的特点

为了对抽样推断法形成比较完整的认识,除了要深刻地理解抽样推断的意义外,还需了解抽样推断的特点。归纳起来,抽样推断有以下几个主要特点。

1. 以部分单位的数量特征去推断总体的数量特征

我们对研究对象的认识,有一些方法是对对象总体每一单位都调查研究的全面调查的方法,如普查、统计报表等。然而在相当多的情况下,总体单位具有大量性、复杂多变性甚至无限性的特点,我们往往不能或不必通过全面调查来达到对总体的认识。经验以及概率统计科学证明,我们能够用以部分单位的数据信息为基础提炼出来的数量特征去推断总体的数量特征。这就以较小的代价解决了总体不可知问题,符合小投入大产出的人类的行为准则。

2. 抽样时必须遵守随机原则

这是抽样推断法最主要的特点。所谓随机原则就是从总体中抽取样本单位时,不受人的主观因素影响,保证每个总体单位都以相同的机会被抽中。那么抽样时为什么要遵守随机原则呢?因为当以随机原则抽取样本单位时,总体内各单位的分布是均匀的,按系统论的理论来解释,即此时总体的熵达到最大值,而此时所抽取的样本的结构与总体的结构是相当接近的。用数学语言表达就是样本的结构以总体的结构为极限。举例来说,将一勺白糖放入一碗清水中,并将其搅拌均匀,此时这碗糖水就达到熵最大的状态。在这种情况下,取出一勺糖水(相当于以随机原则抽取样本),则这勺糖水的含糖比重即样本结构与整碗糖水的含糖比重即总体结构几乎完全一致。由于样本结构与总体结构趋于一致,故以之为根据的样本数量特征就与总体数量特征趋于一致。此原理不但为人们的实践和经验所证实,而且为概率论中的大数定律所证明。可见抽样推断法所必须遵守的随机原则,是抽样推断法在实践和理论中重要的根基。

3. 抽样推断是具有一定概率保证的估计和推断

这是抽样推断法与典型调查、重点调查等其他非全面调查的区别所在。抽样推断的重要内容是参数估计,而参数估计又分为点估计和区间估计。只有抽样推断法既可使用点估计又可使用区间估计。而典型调查、重点调查等非全面调查只能使用点估计。点估计实际上就是以非全面调查的部分单位的指标数值去"碰"(即估计)总体指标,则恰好"碰"上(即估计准确)的概率为零,因为数轴上的点是无穷多的。因此我们无法知道各种非全面调查(包括抽样调查)的点估计的可靠性及准确度。而抽样推断法的区间估计就不一样了。前面已详细讲到,中心极限定理给出了样本指标(专指样本平均数和样本比率)的分布,而且可以推导出样本指标的平均数和方差。于是样本指标这个随机变量落在一个区间范围内的概率就可以计算出来,这个区间范围的中心恰是总体指标。样本指标这个随机变量落在这样的区间里,等价地表示以样本指标为中心具有相同宽度的区间包含了总体指标真值。这就表明这个概率就是区间估计的可靠程度。

4. 抽样推断的误差可以计算并加以控制

基于其他统计调查的特点,调查所得的指标的分布是不存在的,因此其他统计调查的误差是没有规律且无法计算的。而抽样推断就不同了,由于我们知道样本指标的分布并可推导出样本指标方差的公式,在以样本方差估计总体方差的前提下,结合一定的置信度或可靠程度就可以计算出抽样推断的误差即估计区间或置信区间的半径。至于抽样误差控制的理论问题在后面详述,这里我们只讲一下直观知识。根据直观经验我们也知道,随着样本容量的增多,误差显然会越来越小,也就是说在其他条件不变的情况下可以通过控制样本容量来达到控制抽样误差的目的。

二、抽样推断的作用

抽样推断法有许多优越性,可以节省人力、费用,提高调查的经济效果;可以节省时间,提高调查的时效性;可以增加调查项目,取得比较详细的资料,而且还可以提高统计资料的准确性和可靠性。一句话,能以较小的投入取得较大的效果。因此,抽样推断法在社会经济领域及自然科学与实验中应用广泛,发挥着多方面的作用,概括起来有以下几点。

(一)抽样推断能完成其他统计调查形式无法或很难完成的任务

当被研究对象是无限总体或者虽是有限总体但总体单位数极大,根本无法得到一个确切的总体单位数时,只能应用抽样推断。例如,想要测定钱塘江的水质是否受到污染,想要测出杭州市的气温,此时钱塘江水和杭州市的空气可视为无限总体,只能采用抽样调查法去测定。又如,要了解大兴安岭的木材蓄积量以及某一大型水库养鱼的数量,从理论上讲可以进行全面调查,但实际上根本无法进行,只能采用抽样推断的方法。

有些事物在测量或试验时会产生破坏作用,或试验非常昂贵,只能进行抽样推断。例如,电脑显示器屏幕的抗击打能力的测试、导弹杀伤力的测试、弹道导弹的精确度和可靠性测试等。

(二)抽样推断可以对全面调查的结果加以补充或订正

由于抽样调查样本单位较少,可以多调查一些项目,以补充全面调查的不足。所以许多社会经济现象的研究往往把全面调查与抽样调查结合起来应用。例如,我国的人口普查与百分之一人口抽样调查结合运用,在人口普查填报和复查完毕后,按照百分之一的比例随机抽取样本重新进行调查,并以此计算普查的重复和遗漏的差错率,来订正普查数字,从而提高人口普查的质量。

(三)抽样推断可以对生产过程中的产品质量进行经常性的检查和控制

工业生产的产品质量控制就是利用抽样检查来观察生产工艺过程是否正常,是否存在某些系统性的偏误,及时提供信息,分析可能的原因,便于采取措施,防止损失。

(四)对于资料信息的时效性要求很强的现象往往采用抽样推断

因为抽样推断方式灵活,抽查单位较少,取得调查结果的时间快,能满足及时了解情况的要求,常能得到最佳的效果。例如,当收获季节到来时,对农作物产量进行抽样调查,就能很快估计出总产量,作为及时安排收购、调配、储运,以及其他措施的依据。

(五)抽样推断法可以对于某种总体假设进行检验,并判断这种假设的真伪

抽样推断法的两大主要内容(即参数估计和假设检验)是不同的。参数估计是对总体数量特征进行定量的认识,而假设检验则是对总体数量特征作定性的认识。假设检验相当于通过现象(样本指标)的数据来推断本质(总体数量特征或分布特征)是否发生了变化或是否具有某种特征。这就是哲学上的透过现象看本质。一个事物的现象往往受多个因素的影响,其中主要的、本质的因素决定了样本指标的稳定性,而其余大量的、次要的、非本质的因素决定样本指标的波动性。若样本指标变动较小,就意味着本质因素未变,从而推断出总体数量特征或分布特征未发生变化。反之,若样本指标变动较大,则意味着本质因素发生了变化,从而推断出总体数量特征或分布特征已经发生了变化。这就是假设检验的基本原理。

第二节　抽样推断的几个基本概念

一、总体和样本

在抽样推断中,我们面临着总体和样本两个概念,前者是所要研究的对象,后者是所要观察的对象,它们既有区别又有联系。

(一)总体

总体又称母体,是所要认识的对象的全体,是由具有某种共同性质的许多单位组成的。例如,我们要研究浙江省城乡居民家庭的收入及生活消费情况,则全省的所有家庭构成一个总体。

总体的单位数通常用大写英文字母 N 来表示，N 总是很大的数。对于一个研究问题，总体是唯一确定的。

抽样调查首先要弄清总体的范围、单位的含义，构成明确的抽样框（即可以选择作为样本的那些单位所组成的总体），作为抽样的母体。比如，我们要调查杭州市居民家庭这一总体，则要对总体下一个明确的定义，如是否包括郊区农民，是否包括外来民工家庭，是否包括临时户口，如何划分家庭等。但是，抽样框有时候是不容易确定的。例如，我们想通过抽样调查来对健康人与病人的情绪差别作一个对比研究，则对健康人群以及病人人群的确定存在相当的难度。

(二)样本

样本是指从总体中随机抽取出来并且代表该总体的那部分单位所构成的全体。样本的单位数称为样本容量，通常用小写英文字母 n 来表示。相对于总体单位数 N 而言，样本容量 n 相对较小，n 与 N 之比称为抽样比。一般地，$n \geqslant 30$ 就称为大样本，若 $n < 30$ 则称为小样本。总体是唯一确定的，而样本则不是唯一的。从一个总体中我们可以抽取出很多个样本来。样本的数目取决于样本容量和抽样方法，不同的样本容量和抽样方法，样本的数目会有很大的差别。

二、总体指标和样本统计量

(一)总体指标(或总体参数)

根据总体各个单位的变量值或标志值计算的、反映总体数量特征的综合指标，称为总体指标或总体参数。由于总体是唯一确定的，因此根据总体计算的总体指标或参数也是唯一确定的。对于数量标志或变量而言，常用的总体指标有总体平均数或总体期望 $\overline{X}$ 和总体方差 σ^2（或总体标准差 σ）。设总体单位的数量标志或变量记为 X，则总体平均数为 $\overline{X} = \dfrac{\sum X_i}{N}$，总体方差为 $\sigma^2 = \dfrac{\sum (X_i - \overline{X})^2}{N}$，总体标准差为 $\sigma = \sqrt{\dfrac{\sum (X_i - \overline{X})^2}{N}}$。

对于总体单位的品质标志，常用总体比率 P 来表示总体中具有某种属性的单位数在总体单位数中所占的比重。设总体 N 个单位中，有 N_1 个单位具有某种属性，N_0 个单位不具有该种属性，即 $N = N_1 + N_0$，则比率 $P = \dfrac{N_1}{N}$ 表示具有某种属性的单位数所占的比重，而 $1 - P = \dfrac{N_0}{N}$ 表示不具有该种属性的单位数所占的比重。定义属性变量 X，若总体单位具有某属性则令 $X = 1$，否则令 $X = 0$，于是品质标志就转化为属性变量（或是非标志变量）X。则有总体属性变量平均数 $\overline{X}_{(0,1)} = \dfrac{\sum Xf}{\sum f} = \dfrac{1 \times N_1 + 0 \times N_0}{N} = \dfrac{N_1}{N} = P$，也就是说，总体比率 P

恰等于总体属性变量平均数。

总体属性变量的方差 $\sigma^2_{(0,1)} = \dfrac{\sum (X_i - \overline{X})^2 f}{\sum f} = \dfrac{(1-P)^2 N_1 + (0-P)^2 N_0}{N} =$

$(1-P)^2 P + P^2 (1-P) = P(1-P)$，总体属性变量的标准差 $\sigma_{(0,1)} = \sqrt{P(1-P)}$。

根据函数求极值的必要条件可知，当 $P=0.5$ 时，$\sigma^2_{(0,1)}$ 与 $\sigma_{(0,1)}$ 分别达到最大值 0.25 与 0.5。

（二）样本统计量（或样本指标）

与总体指标或总体参数相对应的样本指标称为样本统计量。设样本容量为 n，则样本平均数为 $\overline{x} = \dfrac{\sum x}{n}$，样本方差为 $S^2 = \dfrac{\sum (x_i - \overline{x})^2}{n-1}$，分母之所以为 $n-1$ 而非 n 是因为 S^2

$= \dfrac{\sum (x_i - \overline{x})^2}{n-1}$ 是总体方差 σ^2 的无偏估计量。样本标准差 $S = \sqrt{\dfrac{\sum (x_i - \overline{x})^2}{n-1}}$。

类似地，对于属性变量 X，有样本属性变量平均数 $\overline{x}_{(0,1)} = \dfrac{n_1}{n} = p$，$p$ 为样本比率。样本属性变量方差 $S^2_{(0,1)} = p(1-p)$，相应的标准差为 $S_{(0,1)} = \sqrt{p(1-p)}$。样本统计量的数值随所抽取的样本的不同而不同，样本统计量是样本变量的函数，它本身也是随机变量。

三、抽样方法和样本数目

从总体中随机抽取样本，有两种不同的抽取方法：重复抽样和不重复抽样。

重复抽样又称放回抽样，做法是：每次抽取一个单位，不考虑单位被抽中的先后顺序，把结果记录下来，又重新放回参加下一次抽取。故重复抽样的样本是由 n 次相互独立的连续试验构成的，每次试验在完全相同的条件下进行，在各次试验中每个单位被抽中的机会均等。

不重复抽样也称不放回抽样，具体做法是：从总体 N 个单位中抽取一个容量为 n 的样本，每次从总体中抽取一个单位，不考虑单位被抽中的先后顺序，连续进行 n 次抽取构成一个样本，但每次抽出一个单位就不再放回参加下一次的抽取。因此不重复抽样的样本是由 n 次连续抽取的结果构成，实质上等同于一次同时从总体中抽取 n 个样本单位。连续 n 次抽取的结果不是相互独立的，每一次抽取的结果都要影响下一次的抽取，每抽一次，总体的单位就少一个，所以每个单位被抽中的机会在各次抽取中是不均等的。

从总体 N 个单位中抽取 n 个单位，能构成多少个样本呢？这就是样本数目问题。首先，我们要明确一下，在一般情况下，抽取的样本单位是不必考虑顺序的，也就是说这是组合问题而非排列问题。因为我们抽取样本的目的就是依据样本单位的数据信息计算样本统计量，再以之去推断总体的数量特征或分布特征。而样本统计量仅取决于样本单位的实体组成,而与样本单位被抽取的顺序无关。我们来考察一下样本的数目,也就是从总体中抽取样本有多少种抽法。在不重复抽样情况下,就相当于从 N 个总体单位中一次性抽取 n 个样本单位的组合数,即样本数目为 $C_N^n = \dfrac{N!}{n!\ (N-n)!}$。在重复抽样情况下,样本数目就是允许重复的组合数,组合数学给出其公式为 $C_{N+n-1}^n = \dfrac{(N+n-1)!}{n!\ (N-1)!}$。

显然,在相同的总体单位数和样本容量的情况下,重复抽样的样本数目比不重复抽样的样本数目要多。

四、抽样估计的误差

抽样估计的误差是指以样本指标(样本统计量)估计总体指标(总体参数)时产生误差。估计误差包括两大部分,其一为登记性误差,其二为代表性误差。

(一)登记性误差

登记性误差是指由于各种主客观原因造成的在登记、计算机录入、汇总、计算等过程中产生的误差。登记性误差难以避免,也无法在理论上进行估计与测算,只能通过加强责任心以及通过各种检查手段进行仔细检查的办法,来尽量减少登记性误差。

(二)代表性误差

代表性误差是指由于样本结构与总体结构不一致而使样本不能完全代表总体,从而样本指标(样本统计量)估计总体指标(总体参数)时所产生的误差。代表性误差也有两种,其一为偏差,其二为随机误差。

偏差是指调查研究者违背了随机原则而使样本结构偏离总体结构,因而产生的估计误差。其主要原因是由于主观故意造成的。调研者为了自己的利益或为了使调查结果成为自己先验观点的证据,而对调查结果随意取舍,这就违背了随机原则。偏差是可以避免也是应该避免的,这是科学精神的体现。每一个调研者都应该自觉遵守随机原则,避免偏差的出现。

随机误差是指在遵守了随机原则的前提下,由于变量的随机波动而使样本结构异于总体结构而产生的估计误差。随机误差是难以避免的。但是可以以概率论为理论工具对其加以研究、控制和估计。通常所说的抽样误差特指随机误差。一次具体抽样估计所产生的实际误差(表示为 $|\bar{x}-\bar{X}|$,$|p-P|$)是不可知的,因为总体指标($\bar{X}, P$)是未知的。我们所要研究的随机误差是指平均意义上的误差,即一个总体的所有可能样本的样本指标估计总体指标的平均误差。

第三节　抽样分布

对于现在和将来的未知现象,我们可用随机变量来说明。随着以随机变量为研究对象的数学分支——概率论的产生和发展,建立在概率论基础上的抽样调查和抽样推断,就在理论和实践上相对于其他统计调查方法体现出明显的优势。抽样调查与推断的最基本的理论依据有二,其一为大数定律,其二为抽样分布理论。

一、大数定律

人们经过长期大量的实践发现,虽然随机变量的任一次的取值都难以把握,随机事件在一次试验中可以发生也可以不发生,但是大量的重复取值或重复试验却能呈现某种统计规律性,即所谓的平均数稳定性及频率稳定性。大数定律就是论证此特性的理论。

(一)切比雪夫定理

设随机变量序列 $x_1, x_2, \cdots, x_n$ 独立同分布,且存在有限的数学期望(总体平均数) $\overline{X}$ 和方差,则存在任意小的正数 ε,使 $\lim\limits_{n \to +\infty} P(|\overline{x} - \overline{X}| < \varepsilon) = 1$ 成立,括号前的 P 表示概率。

这就是平均数稳定性,表明随着样本容量的增大,样本平均数将无限地接近总体平均数(依概率收敛)。这使人们的常识与经验得到了数学上的证明。因此大大增加了人们以样本平均数估计总体平均数(数学期望)的信心和底气。

(二)贝努里大数定理

对于随机事件(对应于是非标志变量)而言,某现象在一次试验中或者发生或者不发生,多次试验中该现象发生的频率即样本比率。

设样本比率为 p,总体比率为 P,则存在任意小的正数 ε,使 $\lim\limits_{n \to +\infty} P(|p - P| < \varepsilon) = 1$ 成立,括号前的 P 表示概率。

这就是频率稳定性,表明随着样本容量的增大,样本比率将无限地接近总体比率(依概率收敛)。这就使以样本比率估计总体比率得到了理论上的证明。一个现象的成立决定于主要的、本质的因素以及其他许多次要的因素,而平均数或比率(比率也是一种平均数)能使许多次要因素的影响互相抵消,从而凸现出本质因素的影响结果,这就是平均数及频率稳定性的深层原因。

大数定律是点估计的理论依据,而抽样分布理论则是区间估计的理论依据。

二、抽样分布

所谓抽样分布就是样本统计量的概率分布,它是对总体参数做区间估计的前提条件。由于实际工作中通常是未知的,或者假设总体服从某种分布,因此正态分布再生定理就不介绍了。这里只介绍常用的且与本章的区间估计内容相关的抽样分布。

(一)大样本情况下的抽样分布

1.大样本情况下样本平均数的分布

中心极限定理告诉我们,若总体分布未知,只要样本容量足够大($n \geqslant 30$,即所谓的大样本),则样本平均数近似服从正态分布,记作 $\bar{x} \sim N(E(\bar{x}), D(\bar{x}))$,其中 $E(\bar{x})$、$D(\bar{x})$ 分别为样本平均数 $\bar{x}$ 的数学期望和方差。符号 $E(\cdot)$、$D(\cdot)$ 分别表示对随机变量计算平均数(数学期望)及方差。当然,若总体服从正态分布,则 $\bar{x}$ 亦服从正态分布。

2.大样本情况下样本比率的分布

如前所述,由于样本比率 p 实际上也是样本属性变量的平均数,从而中心极限定理同样适用于它。因此在大样本情况下样本比率 p 近似服从正态分布,记作 $p \sim N(E(p), D(p))$,其中 $E(p)$、$D(p)$ 分别为样本比率 p 的数学期望和方差。

(二)小样本情况下的抽样分布

若样本容量 $n < 30$(即所谓的小样本),且总体服从正态分布,则统计量 $\dfrac{\bar{x} - \overline{X}}{S/\sqrt{n}}$ 服从自由度为 $n-1$ 的 t 分布,记作 $\dfrac{\bar{x} - \overline{X}}{S/\sqrt{n}} \sim t(n-1)$。

三、抽样平均误差

需要着重强调的是,样本统计量或样本指标是随机变量,因此它就存在平均数(数学期望)以及方差、标准差等数量特征。抽样平均误差就是样本统计量或样本指标(样本平均数、样本比率等)的标准差,以符号 μ 记之。样本平均数的标准差记为 $\mu_{\bar{x}}$,样本比率的标准差记为 μ_p。概率论证明 $E(\bar{x}) = \overline{X}$,$E(p) = P$。标准差的定义公式为

$$\mu_{\bar{x}} = \sqrt{\frac{\sum (\bar{x} - E(\bar{x}))^2}{M}} = \sqrt{\frac{\sum (\bar{x} - \overline{X})^2}{M}} \tag{4-1}$$

式 4-1 中,M 为样本数目,即 $M = C_N^n = \dfrac{N!}{n!\,(N-n)!}$(不重复抽样),或 $M = C_{N+n-1}^n = \dfrac{(N+n-1)!}{n!\,(N-1)!}$(重复抽样)。$(\bar{x} - \overline{X})^2$ 表示误差的平方,式 4-1 中根号内的内容表示求平均,

而开方与平方互相抵消,因此 $\sqrt{\dfrac{\sum(\bar{x}-\overline{X})^2}{M}}$ 表示求 $\bar{x}$ 估计 $\overline{X}$ 的平均误差。μ_p 有完全相同的解释。这正是样本统计量的标准差被称作抽样平均误差的原因,表示抽样估计的平均误差。接着来看抽样平均误差的计算。

用式 4-1 计算 μ 是不可能的,因为总体参数 $\overline{X}$ 及 P 是不知道的,否则就不用抽样推断了。并且在实际问题中抽样数目 M 是个天文数字,而实际工作中一般只抽取一个样本。故无法用标准差的定义公式计算,好在概率论推导出了可行的计算公式。

(一)样本平均数的标准差 $\mu_{\bar{x}}$

1.重复抽样情况

$$\mu_{\bar{x}}=\frac{\sigma}{\sqrt{n}}\approx\frac{S}{\sqrt{n}} \tag{4-2}$$

在现实世界中,σ 事实上是不知道的,所谓知道也不过是种猜测。此外,随着 n 的无限增大,$E(S)$ 以 σ 为极限。且 S 的方差与 n 呈反比,则当 n 无限增大时 S 无限接近于 σ。因而当 n 很大时 $S\approx\sigma$。故而在实际操作时使用

$$\mu_{\bar{x}}=\frac{S}{\sqrt{n}} \tag{4-3}$$

2.不重复抽样情况

推导结果是 $\mu_{\bar{x}}=\dfrac{\sigma}{\sqrt{n}}\sqrt{\dfrac{N-n}{N-1}}$。在通常的实际问题中,总体容量 N 总是很大的,就有 $\dfrac{N}{N-1}\approx1$,因此上式中的 $N-1$ 就由 N 来代替。且 $S\approx\sigma$。故而在实际操作时使用

$$\mu_{\bar{x}}=\frac{S}{\sqrt{n}}\sqrt{1-\frac{n}{N}} \tag{4-4}$$

(二)样本比率的标准差 μ_p

1.重复抽样情况

μ_p 的公式可从 $\mu_{\bar{x}}$ 的公式直接得出。前面已经说了,比率 p 无非是 $(0,1)$ 属性变量的平均数,p 也就是 $\bar{x}_{(0,1)}$。又知总体属性变量的标准差 $\sigma_{(0,1)}=\sqrt{P(1-P)}$,因此由式 4-2 可直接得到 $\mu_p=\sqrt{\dfrac{P(1-P)}{n}}$。同样地,总体比率 P 实际上是不知道的,又由大数定律知,当 n 无限增大时 p 无限接近于 P 是肯定的,就有 $P\approx p$。因而在实际操作时使用

$$\mu_p=\sqrt{\frac{p(1-p)}{n}} \tag{4-5}$$

2.不重复抽样情况

与前相同,推导的结果是 $\mu_p=\sqrt{\dfrac{P(1-P)}{n}\left(\dfrac{N-n}{N-1}\right)}$,基于得出式 4-4、式 4-5 的同样理

由,就可得出在实际操作时使用的公式为

$$\mu_p = \sqrt{\frac{p(1-p)}{n}\left(1-\frac{n}{N}\right)} \tag{4-6}$$

显然,不重复抽样的抽样平均误差要小于重复抽样的抽样平均误差,这与直观常识相符合。从公式中也能看出影响抽样平均误差的因素有:(1)总体变量的变动程度。(2)样本容量 n。(3)抽样方法。(4)抽样组织形式。至于第四点将在本章第五节中学习。

总体分布与总体容量 N 无关,但抽样分布(样本平均数的分布、样本比率的分布)却依赖于样本容量 n。从上面的公式可知,随着 n 增大则抽样分布的标准差变小,即抽样分布变集中,则参数估计将从可靠性和精确度两方面得到改善。抽样分布随 n 而变化,如图 4-1 所示。

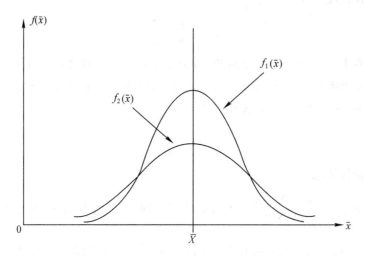

图 4-1 抽样分布随 n 变化

图 4-1 中横坐标为随机变量样本平均数 $\bar{x}$,纵坐标 $f(\bar{x})$ 表示 $\bar{x}$ 的分布密度函数即抽样分布的密度函数。假设要从同一总体中抽取两个具有不同样本容量的样本,若 $n_1 > n_2$,则 $\mu_1 < \mu_2$,也即样本 1 的抽样分布比样本 2 的抽样分布更集中,如图 4-1 所示。

下面举一个计算抽样平均误差的实例。

【例 4-1】 为了确定某一批产品的质量,需要测定产品的抗压强度。现从该批 3000 件产品中随机抽取 100 件进行检测。根据质量标准,抗压强度在 80(千克/平方厘米)以上者为合格。请根据以下的样本检测数据,分别计算在重复抽样与不重复抽样条件下的两种抽样平均误差 $\mu_{\bar{x}}$ 和 μ_p。

表 4-1 样本检测数据

抗压强度 p(千克/平方厘米)	产品件数(件)
$p \leqslant 80$	7
$80 < p \leqslant 90$	12
$90 < p \leqslant 100$	38

抗压强度 p（千克/平方厘米）	产品件数（件）
$100 < p \leqslant 109$	26
$p \geqslant 110$	17
合　计	100

解：已知 $N=3000$，$n=100$，根据以上资料计算得出，样本平均数 $\bar{x}=98.4$，样本标准差 $S=11.12$，样本合格率 $p=\dfrac{93}{100}=93\%$。

(1) 在重复抽样情况下

$$\mu_{\bar{x}}=\frac{S}{\sqrt{n}}=\frac{11.12}{\sqrt{100}}=1.112（千克/平方厘米）$$

$$\mu_p=\sqrt{\frac{p(1-p)}{n}}=\sqrt{\frac{93\%\times 7\%}{100}}=2.55\%$$

(2) 在不重复抽样情况下

$$\mu_{\bar{x}}=\frac{S}{\sqrt{n}}\sqrt{1-\frac{n}{N}}=\frac{11.12}{\sqrt{100}}\sqrt{1-\frac{100}{3000}}=1.093（千克/平方厘米）$$

$$\mu_p=\sqrt{\frac{p(1-p)}{n}\left(1-\frac{n}{N}\right)}=2.55\%\times 0.983=2.507\%$$

注意：若未说明抽样方法，则一般表示是不重复抽样，因实际工作中多用不重复抽样。若总体容量 N 未告知，则表明 N 很大，就有 $1-\dfrac{n}{N}\approx 1$，即以重复抽样的 μ 代替不重复抽样的 μ。

第四节　参数估计

人类的活动无非就是实践、认识、再实践、再认识，循环往复以至无穷。由于认识对象总体的单位通常很多甚至无穷，而人们的人力、财力、物力和时间是有限的，使得人们在绝大多数情况下只能或只需以认识对象的部分单位的信息去认识对象总体。这种认识方法的主要内容之一就是参数估计。参数估计包括点估计和区间估计。

一、点估计

所谓点估计就是以样本统计量（即样本指标）直接估计总体参数（即总体指标）。例如，为了估计某地区成年男子的平均身高，统计人员随机抽取 100 名成年男子，直接以样本平均身高 1.73 米作为该地区所有成年男子平均身高的估计值。

对于某一个总体参数，可以作为估计量的样本统计量可能有多个。例如，为估计总体平均数,可以用样本平均数、样本中位数、样本众数等作为估计量去估计总体平均数。这样就需要一些标准来选择较好的统计量。这就是优良估计量的衡量标准。

(一)无偏性

若一个样本统计量或样本指标的数学期望(平均数)等于被估计的总体参数或总体指标,则称该统计量是无偏估计量。用数学式表示就是 $E(\hat{\theta})=\theta$,其中$\hat{\theta}$就是用来估计总体参数 θ 的统计量。我们已知 $E(\overline{x})=\overline{X}$,$E(p)=P$,故 $\overline{x}$、p 分别是 $\overline{X}$ 与 P 的无偏估计量。

(二)一致性

若一个样本统计量或样本指标随着样本容量 n 的无限增大而无限接近被估计的参数或总体指标,则称该统计量为一致估计量。用数学式表示就是 $\lim\limits_{n\to+\infty} P(|\hat{\theta}-\theta|<\varepsilon)=1$,式中 P 表示概率,ε 是任意小的正数。也就是说,当 n 无穷大时,估计量$\hat{\theta}$与总体参数 θ 无限接近是必然的。大数定律证明 $\overline{x}$、p 分别是 $\overline{X}$ 与 P 的一致估计量。

(三)有效性

若一个样本统计量的方差比其他统计量的方差小,则称该统计量为有效估计量。用数学式表示就是 $D(\hat{\theta})<D(\hat{\theta}_i)$。在正态分布情况下,样本中位数与样本平均数一样是总体平均数的无偏估计量和一致估计量,但样本平均数的方差要小于样本中位数的方差,故样本平均数比样本中位数更有效。再如,对于同一总体,用 $\overline{x}(n)$ 表示样本容量为 n 的样本平均数,若 $n_1=50$,$n_2=100$,显然 $\dfrac{\sigma^2}{n_1}=D(\overline{x}(n_1))>D(\overline{x}(n_2))=\dfrac{\sigma^2}{n_2}$,所以 $\overline{x}(n_2)$ 比 $\overline{x}(n_1)$ 更有效。

二、区间估计

点估计具有直观、便利等特点,然而其估计准确的概率等于零$(1/\infty)$,其估计值只是总体参数的近似值。点估计不能提供在一定的估计可靠程度下的估计误差范围,而这恰是区间估计所能发挥的作用。

简单地说,区间估计就是在样本数据的基础上给出一个随机区间,使该区间以一个给定的概率包含被估计的总体参数或总体指标。

我们先来看一下在一个给定的具体的概率情况下区间估计的来龙去脉。

以样本平均数为基础构造估计总体平均数的估计区间。假设总体分布未知,从总体中随机抽取一个大样本。根据中心极限定理,统计量样本平均数$\overline{x}$近似服从正态分布,实际操作时就使用正态分布,即 $\overline{x}\sim N(\overline{X},\mu_{\overline{x}}^2)$,再转换成标准正态变量,即新统计量 $Z=\dfrac{\overline{x}-\overline{X}}{\mu_{\overline{x}}}\sim N(0,1)$。

查标准正态分布表可得

$$P\left\{-1.96\leqslant\frac{\bar{x}-\bar{X}}{\mu_{\bar{x}}}\leqslant1.96\right\}=0.95 \tag{4-7}$$

P 表示概率,则

$$P\{\bar{X}-1.96\mu_{\bar{x}}\leqslant\bar{x}\leqslant\bar{X}+1.96\mu_{\bar{x}}\}=0.95 \tag{4-8}$$

式 4-8 表示随机变量 $\bar{x}$ 落在区间 $[\bar{X}-1.96\mu_{\bar{x}},\bar{X}+1.96\mu_{\bar{x}}]$ 内的概率等于 0.95。而式 4-7 等价于 $P\{|\bar{x}-\bar{X}|\leqslant1.96\mu_{\bar{x}}\}=0.95$,而此式等价于 $P\{|\bar{X}-\bar{x}|\leqslant1.96\mu_{\bar{x}}\}=0.95$,则

$$P\{\bar{x}-1.96\mu_{\bar{x}}\leqslant\bar{X}\leqslant\bar{x}+1.96\mu_{\bar{x}}\}=0.95 \tag{4-9}$$

式 4-9 表示以随机变量 $\bar{x}$ 为中心,$1.96\mu_{\bar{x}}$ 为半径的随机区间 $[\bar{x}-1.96\mu_{\bar{x}},\bar{x}+1.96\mu_{\bar{x}}]$ 包含总体平均数 $\bar{X}$ 的概率等于 0.95,因此式 4-9 就是区间估计的完整表达式。

式 4-8 完全等价于式 4-9,它们表示一旦随机变量 $\bar{x}$ 落在固定的区间 $[\bar{X}-1.96\mu_{\bar{x}},\bar{X}+1.96\mu_{\bar{x}}]$ 内,则活动的随机区间 $[\bar{x}-1.96\mu_{\bar{x}},\bar{x}+1.96\mu_{\bar{x}}]$ 就恰好包含总体平均数 $\bar{X}$。当然,包含的可能性为 0.95(见图 4-2),而不包含的可能性为 0.05。至于抽样平均误差 $\mu_{\bar{x}}$ 将视抽样方法不同而不同。

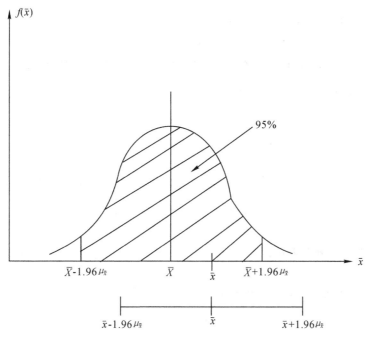

图 4-2　区间估计

可见对参数的区间估计,从本质上说就是给出两个统计量 $\hat{\theta}_1$ 与 $\hat{\theta}_2$,并且恒有 $\hat{\theta}_1<\hat{\theta}_2$,使得

$$P\{\hat{\theta}_1\leqslant\theta\leqslant\hat{\theta}_2\}=1-\alpha \tag{4-10}$$

成立,式 4-10 就是完整的区间估计。其中 θ 为被估参数,随机区间 $[\hat{\theta}_1,\hat{\theta}_2]$ 就是参数 θ 的估计区间,称为 $1-\alpha$ 置信区间。这里,$\hat{\theta}_1$ 即 $\bar{x}-1.96\mu_{\bar{x}}$,$\hat{\theta}_2$ 即 $\bar{x}+1.96\mu_{\bar{x}}$,$\theta$ 即 $\bar{X}$。事先给定的 $1-\alpha$ 称为置信度或概率保证度,表示随机区间 $[\hat{\theta}_1,\hat{\theta}_2]$ 包含参数 θ 的概率。α 称为显著性水平,是一个小概率。

下面给出两种最为常用的区间估计。

(一)大样本下对总体平均数 $\overline{X}$ 的区间估计

前面已讲,$E(\overline{x})=\overline{X}$,又有 $D(\overline{x})=\mu_{\overline{x}}^2$,于是根据中心极限定理就有,大样本情况下,不论总体的分布是何,样本平均数都有 $\overline{x} \sim N(\overline{X},\mu_{\overline{x}}^2)$,再转换成标准正态变量,即新统计量 $Z=\dfrac{\overline{x}-\overline{X}}{\mu_{\overline{x}}} \sim N(0,1)$。

根据统计学常识,一个随机变量落在以平均数为中心的左右间隔相等的区间内的概率,与该区间的大小呈正比。通过查标准正态分布表可以得到这样的区间的大小与概率的关系,这种关系是一一对应的,即 $P\left\{-z_{\frac{\alpha}{2}} \leqslant \dfrac{\overline{x}-\overline{X}}{\mu_{\overline{x}}} \leqslant z_{\frac{\alpha}{2}}\right\}=1-\alpha$,表示标准正态分布随机变量 $\dfrac{\overline{x}-\overline{X}}{\mu_{\overline{x}}}$ 落在区间 $[-z_{\frac{\alpha}{2}},z_{\frac{\alpha}{2}}]$ 内的概率为 $1-\alpha$,$z_{\frac{\alpha}{2}}$ 称为双侧分位数或概率度,它与置信度或概率保证度 $1-\alpha$ 一一对应且呈正比(它们之间一些常用的对应关系列于表 4-2)。就有

$$P\{\,|\overline{x}-\overline{X}| \leqslant z_{\frac{\alpha}{2}}\mu_{\overline{x}}\}=1-\alpha \tag{4-11}$$

式 4-11 等价于 $P\{\,|\overline{X}-\overline{x}| \leqslant z_{\frac{\alpha}{2}}\mu_{\overline{x}}\}=1-\alpha$,就有

$$P\{\overline{x}-z_{\frac{\alpha}{2}}\mu_{\overline{x}} \leqslant \overline{X} \leqslant \overline{x}+z_{\frac{\alpha}{2}}\mu_{\overline{x}}\}=1-\alpha \tag{4-12}$$

请参阅前面对式 4-8、式 4-9 的解释。式 4-12 就是对总体平均数 $\overline{X}$ 做区间估计的完整表达式,表示随机区间 $[\overline{x}-z_{\frac{\alpha}{2}}\mu_{\overline{x}},\overline{x}+z_{\frac{\alpha}{2}}\mu_{\overline{x}}]$ 包含 $\overline{X}$ 的概率为 $1-\alpha$,称 $[\overline{x}-z_{\frac{\alpha}{2}}\mu_{\overline{x}},\overline{x}+z_{\frac{\alpha}{2}}\mu_{\overline{x}}]$ 为 $\overline{X}$ 的 $1-\alpha$ 置信区间。

(二)大样本下对总体比率 P 的区间估计

前面已讲,$E(p)=P$,又知 $D(p)=\mu_p^2$,于是根据中心极限定理就有,大样本情况下,样本比率 $p \sim N(P,\mu_p^2)$,再转换成标准正态变量,即新统计量 $Z=\dfrac{p-P}{\mu_p} \sim N(0,1)$。

通过查标准正态分布表可以得到 $P\left\{-z_{\frac{\alpha}{2}} \leqslant \dfrac{p-P}{\mu_p} \leqslant z_{\frac{\alpha}{2}}\right\}=1-\alpha$,表示标准正态分布随机变量 $\dfrac{p-P}{\mu_p}$ 落在区间 $[-z_{\frac{\alpha}{2}},z_{\frac{\alpha}{2}}]$ 内的概率为 $1-\alpha$,就有

$$P\{\,|p-P| \leqslant z_{\frac{\alpha}{2}}\mu_p\}=1-\alpha \tag{4-13}$$

式 4-13 等价于 $P\{\,|P-p| \leqslant z_{\frac{\alpha}{2}}\mu_p\}=1-\alpha$,就有

$$P\{p-z_{\frac{\alpha}{2}}\mu_p \leqslant P \leqslant p+z_{\frac{\alpha}{2}}\mu_p\}=1-\alpha \tag{4-14}$$

请参阅前面对式 4-8、式 4-9 的解释。式 4-14 就是对总体比率 P 做区间估计的完整表达式,表示随机区间 $[p-z_{\frac{\alpha}{2}}\mu_p,p+z_{\frac{\alpha}{2}}\mu_p]$ 包含 P 的概率为 $1-\alpha$,称 $[p-z_{\frac{\alpha}{2}}\mu_p,p+z_{\frac{\alpha}{2}}\mu_p]$ 为 P 的 $1-\alpha$ 置信区间。

注意,以上是完整的理论说明。而为了书写的简便及便于记忆,通常可将概率度用符号 t 来表示。因此 $\overline{X}$ 的 $1-\alpha$ 置信区间为 $[\overline{x}-t\mu_{\overline{x}},\overline{x}+t\mu_{\overline{x}}]$,为便于记忆可简写为 $[\overline{x} \pm t\mu_{\overline{x}}]$。而

P 的 $1-\alpha$ 置信区间为 $[p-t\mu_p, p+t\mu_p]$，为便于记忆可简写为 $[p\pm t\mu_p]$。

双侧分位数或概率度与置信度的对应关系如表 4-2 所示。

表 4-2　双侧分位数或概率度与置信度的对比关系

置信度($1-\alpha$)	90%	95%	95.45%	99%	99.73%
概率度 t	1.645	1.96	2	2.575	3

【例 4-1 续】　假设样本是以不重复抽样方法抽取的,试计算全部该批产品的平均抗压强度 $\overline{X}$ 的 95% 置信区间。

解:经计算得样本平均数 $\overline{x}=98.4$,抽样平均误差 $\mu_{\overline{x}}=\dfrac{S}{\sqrt{n}}\sqrt{1-\dfrac{n}{N}}=1.093$。

概率度 $t=1.96$,代入 $P\{\overline{x}-t\mu_{\overline{x}}\leqslant\overline{X}\leqslant\overline{x}+t\mu_{\overline{x}}\}=1-\alpha$,则

$P\{98.4-1.96\times1.093\leqslant\overline{X}\leqslant98.4+1.96\times1.093\}=95\%$,

$P\{96.26\leqslant\overline{X}\leqslant100.54\}=95\%$,此即总体平均数 $\overline{X}$ 的区间估计的完整表达式,$[96.26, 100.54]$ 即为 $\overline{X}$ 的 95% 置信区间。

【例 4-1 续】　假设样本是以不重复抽样方法抽取的,试计算全部该批产品的合格率 P 的 95.45% 置信区间。

解:经计算得样本合格率 $p=\dfrac{93}{100}=93\%$,

抽样平均误差 $\mu_p=\sqrt{\dfrac{p(1-p)}{n}\left(1-\dfrac{n}{N}\right)}=2.55\%\times0.983=2.507\%$。

概率度 $t=2$,代入 $P\{p-t\mu_p\leqslant P\leqslant p+t\mu_p\}=1-\alpha$,则

$P\{93\%-2\times2.507\%\leqslant P\leqslant93\%+2\times2.507\%\}=95.45\%$,

$P\{87.99\%\leqslant P\leqslant98.01\%\}=95.45\%$,此即总体比率 P 的区间估计的完整表达式,$[87.99\%, 98.01\%]$ 即为总体比率 P 的 95.45% 置信区间。

注意,求置信区间时必须给出相应的置信度或概率保证度。

三、区间估计的可靠性和精确度

区间估计的可靠性就是置信度或概率保证度 $1-\alpha$,表示置信区间包含总体参数或总体指标的可能性。这种可靠性是通过双侧分位数或概率度 t 在区间估计中起作用的。与可靠性相关联的一个概念是抽样极限误差,它是在一定的估计可靠性下,区间估计的最大误差,简称抽样极限误差(极限即最大之意),用 Δ 表示。我们来看一下式 4-11、式 4-13 就知道,$|\overline{x}-\overline{X}|$ 和 $|p-P|$ 表示误差,而 "$\leqslant t\mu_{\overline{x}}$" 和 "$\leqslant t\mu_p$" 则表示最大的误差。因此抽样极限误差 Δ 的公式为

$$\Delta_{\overline{x}}=t\mu_{\overline{x}} \tag{4-15}$$

$$\Delta_p=t\mu_p \tag{4-16}$$

由总体平均数$\overline{X}$的$1-\alpha$置信区间$[\overline{x}-t\mu_{\overline{x}},\overline{x}+t\mu_{\overline{x}}]$以及总体比率$P$的$1-\alpha$置信区间$[p-t\mu_p,p+t\mu_p]$可见,抽样极限误差$\Delta$即为置信区间的半径或宽度。在抽样平均误差$\mu$不变的情况下,置信度从而概率度$t$越大则置信区间越大,从而估计误差也越大。而另一概念精确度则是极限误差的反义词,极限误差越大则精确度越小,反之则越大。需要注意的是,脱离置信度或可靠性来谈论精确度是没有意义的,如式4-11、式4-13所示。由于置信度或可靠性与双侧分位数或概率度一一对应且呈正比,在抽样平均误差固定的前提下,抽样极限误差就与可靠性呈正比,而精确度则与可靠性呈反比。也就是说,当样本容量n不变从而抽样平均误差不变的情况下,区间估计的精确度与可靠性是此消彼长不能同时改善的。若要两者同时改善,只有增加样本容量n来减小抽样平均误差μ,从而增加精确度,这与我们的直观知识是一致的。

从式4-15、式4-16以及μ的公式显见,影响抽样极限误差的因素有:(1)置信度(或概率度),表示估计的可靠性。(2)总体变量的波动程度。(3)样本容量。(4)抽样方法。(5)抽样组织形式(后面介绍),不同抽样组织形式的抽样平均误差的公式是不同的。$\Delta=t\mu$的另一层意思是,抽样极限误差Δ表示为抽样平均误差μ的t倍。

由于样本指标(即统计量或估计量)是随机变量,而总体指标(参数)又是未知的,故谈论某一次具体的抽样推断的误差为多少是没有意义的。我们讨论抽样误差只能在概率的层面上进行,即在一个相当大的可靠性(置信度)保证下,区间估计的最大误差是多少。比如说,置信度$1-\alpha$为95%,极限误差为Δ,表示对同一个总体进行抽样推断(总体变量的标准差不变),在大量的类似的(样本容量n不变)抽样推断中,有95%的推断的误差是不超过Δ的,只有5%的推断的误差是超过Δ的。

第五节　抽样组织形式

一、抽样方案设计的基本原则

如何科学地组织抽样调查是抽样推断中一个十分重要的问题。在抽样调查之前,首先要设计一个抽样方案。抽样方案的设计是抽样调查的一个总体规划,应包括如何从总体中抽取样本(即抽样组织形式),说明调查要取得哪些项目的数据,用什么方法去取得这些数据,要求它们的精确程度以及确定必要的样本容量,等等。抽样方案的设计必须遵循以下两个基本原则。

(一)保证实现抽样随机性的原则

抽样推断的前提是随机抽样,抽样时若违背了该原则,就会产生不该有的系统性误差,抽样推断就会因为其理论基础遭到破坏而不是真正的抽样推断了。随机原则的重要性前面已讨论过了，这里不再赘述。

（二）保证实现最大的抽样效果原则

所谓最大抽样效果包括投入方面和产出方面。它可以包括两个等价的命题。其一，在抽样调查的费用固定的前提下使抽样推断的质量达到最好；其二，在抽样推断的质量一定的前提下使抽样调查的费用达到最省。抽样推断的质量包括估计的精确度和可靠性两方面，我们已经知道在样本容量固定的情况下，这两者是不能同时改善的，而只能此长彼消。若希望同时改善或一方改善时另一方不受影响，则必须增加样本容量从而增加抽样调查的费用。不同的调查研究者的出发点或要求是不一样的，一个最佳的抽样设计方案要么在费用固定下使估计效果最佳，要么在估计效果一定下使费用最省。

二、基本抽样组织形式

常用的基本抽样组织形式有简单随机抽样、类型抽样、等距抽样、整群抽样和多阶段抽样。

（一）简单随机抽样

1.简单随机抽样（又称纯随机抽样）

它是按随机原则从总体 N 个单位中直接抽取 n 个单位做样本，使总体中每一个单位都有同等的可能性被抽中。在进行抽样调查之前须先确定总体范围，对其中的每个单位进行编号，形成明确的抽样框，然后用抽签的方式，或根据随机数表，或根据电脑产生的随机数抽取必要的样本单位。我们前面讲的重复抽样方法其实就是简单随机抽样。

前面介绍的区间估计的基本原理就是建立在简单随机抽样的基础之上的。简单随机抽样是最基本、最简单的抽样组织方式，具有重要的理论意义和实践意义。接下来我们讨论一下简单随机抽样情况下如何确定样本容量 n。

2.样本容量的确定

对参数进行估计，是在随机抽取样本以后进行的。但在抽样之前我们首先要知道准备抽取多少个样本单位，这就是样本容量的确定问题。本教材只讨论无调查经费约束情况下 n 的确定问题（有经费预算约束的 n 确定问题不在本教材范围讨论）。

决定样本容量的多少主要有两大因素，就是估计的可靠性和精确度。而且它们是由统计工作者主观决定的，取决于工作者对所要调查研究问题重要性的主观认知。若认为问题很重要，则可赋予估计以较高的可靠性和精确度。因此为给定最大误差须从 $\Delta = t\mu$ 出发，从式 4-15、式 4-16 中可得到求 n 的公式。

（1）估计总体平均数 $\overline{X}$ 时确定 n 的公式。

①使用重复抽样方法时，由式 4-15 可得

$$\Delta_{\bar{x}} = t\mu_{\bar{x}} = t\left(\frac{\sigma}{\sqrt{n}}\right)$$

$$n = \left(\frac{t\sigma}{\Delta_{\bar{x}}}\right)^2 \tag{4-17}$$

②使用不重复抽样方法时，由式 4-15 可得

$$\Delta_{\bar{x}} = t\mu_{\bar{x}} = t\left(\frac{\sigma}{\sqrt{n}}\sqrt{1-\frac{n}{N}}\right)$$

$$n = \frac{Nt^2\sigma^2}{N\Delta_{\bar{x}}^2 + t^2\sigma^2} \tag{4-18}$$

（2）估计总体比率 P 时确定 n 的公式。

①使用重复抽样方法时，由式 4-16 可得

$$\Delta_p = t\mu_p = t\sqrt{\frac{P(1-P)}{n}}$$

$$n = \frac{t^2 P(1-P)}{\Delta_p^2} \tag{4-19}$$

②使用不重复抽样方法时，由式 4-16 可得

$$\Delta_p = t\mu_p = t\sqrt{\frac{P(1-P)}{n}\left(1-\frac{n}{N}\right)}$$

$$n = \frac{Nt^2 P(1-P)}{N\Delta_p^2 + t^2 P(1-P)} \tag{4-20}$$

以上公式中总体方差 σ^2 以及总体比率 P 的来源有：长期历史资料形成的 σ^2 及 P 的估计值；若无以上资料则使用近期样本资料计算的样本方差 S^2 及样本比率 p 作为 σ^2 及 P 的估计值；若无以上资料则可在此次正式抽样之前先做一次试验抽样，以此试验样本的样本方差 S^2 及样本比率 p 作为 σ^2 及 P 的估计值。当要估计总体比率 P 时，若缺乏任何已有的关于 P 的资料，则可令 $P=0.5$，因为此时属性变量的方差 $P(1-P)$ 达到最大值，这相当于在最糟糕的情况下确定 n 的值。因为 n 也依赖于总体的波动程度，它越大则 n 也越大。若总体方差 σ^2 或标准差 σ 的历史数据有多个，则应从中选择最大的代入公式，理由同上。

由上可见，影响样本容量 n 的因素有：抽样极限误差、置信度、总体差异程度、抽样方法、抽样组织形式。

【例 4-2】 对某种保温瓶的保温质量进行检测，根据历年资料保温时间的标准差为 0.4 小时，若采用不重复抽样方法，要求在置信度为 95.45% 情况下，估计误差不超过 0.08 小时，则需从 4000 只保温瓶中抽取多少只作为样本？

解：已知 $\sigma = 0.4$，$t = 2$，$\Delta_{\bar{x}} = 0.08$，$N = 4000$，则

$$n = \frac{Nt^2\sigma^2}{N\Delta_{\bar{x}}^2 + t^2\sigma^2} = \frac{4000 \times 2^2 \times 0.4^2}{4000 \times 0.08^2 + 2^2 \times 0.4^2} = 97.56$$

故应抽取 98 只保温瓶。

【例 4-3】 为了检测市场上橘子的农药残留情况，需估计其达标率。以往达标率为

96％。若抽样估计的可靠性(置信度)为 95％,极限误差为 3％,则应抽取多少只橘子进行检测?

解:已知 $P=96\%$,$t=1.96$,$\Delta_p=3\%$。

N 未告知则表示 N 很大,则 μ 就使用重复抽样下的公式。

因此由公式 4-19 得 $n=\dfrac{t^2 P(1-P)}{\Delta_p^2}=\dfrac{1.96^2\times96\%\times4\%}{3\%^2}=163.9$

故应抽取 164 只橘子。

以上是简单随机抽样情况下样本容量 n 的确定问题。

简单随机抽样是最基本、最简单的抽样组织方式,但在实践中却受到诸多限制,例如当总体很大时,编号工作就很困难,在很多情况下抽样框也很难确定。并且当总体分布的离散程度较大时,简单随机抽样的抽样误差较大。对简单随机抽样进行改进,可以形成抽样误差较小的抽样组织形式。

(二)类型抽样

类型抽样又称分层抽样或分类抽样。它是先将总体中所有的单位按照某个标志分成若干类或组,然后在各类中直接随机抽取样本单位,可见它是统计分组与简单随机抽样的结合体。例如,在农作物产量抽样调查中,可按地形条件分为山区、丘陵、平原三类,也可按地力分为丰产田、中产田、低产田三类,然后在每类中抽取样本。由于在抽样前将总体单位分类,把性质相近的单位划归同一类,从而缩小了各单位之间的标志(或变量)差异程度。因此,抽取的样本具有较高的代表性,抽样误差较小。

采用抽样分类,所分各类的单位数一般是不同的。样本单位数在各类之间的分配通常按各类的总体单位数占全部总体单位数的比重来抽取,单位数多者按比例多取,单位数少者则少取,以保持各类样本容量与样本总容量之比等于各类总体单位数与全部总体单位数之比。

设总体由 N 个单位组成,划分为 k 类,使 $N=N_1+N_2+\cdots+N_k$,然后从每组的 N_i 中抽取 n_i 单位构成样本容量为 n 的样本,使 $n=n_1+n_2+\cdots+n_k$,及 $\dfrac{n_1}{N_1}=\dfrac{n_2}{N_2}=\cdots=\dfrac{n_k}{N_k}=\dfrac{n}{N}$。所以各类的样本容量为 $n_i=N_i\times\dfrac{n}{N}=\left(\dfrac{N_i}{N}\right)\times n,(i=1,2,\cdots,k)$。其中 $\dfrac{N_i}{N}$ 即为各类抽取样本容量所依据的比例。

现在由各类分别取样,则可计算各类的样本平均数 $\overline{x}_i$,$\overline{x}_i=\dfrac{\sum\limits_{j=1}^{n_i}x_{ij}}{n_i}$,$(i=1,2,\cdots,k)$,其中 x_{ij} 为第 i 个类中抽取出的第 j 个单位的标志值或变量值。再对各类样本平均数 $\overline{x}_i$ 以各类的单位数所占比重为权数计算加权算术平均数。因此,整个样本的样本平均数 $\overline{x}$ 的计算公式为

$$\overline{x} = \frac{\sum_{i=1}^{k} N_i \overline{x}_i}{N} = \frac{\sum_{i=1}^{k} n_i \overline{x}_i}{n} \qquad (4-21)$$

下面讨论类型抽样的抽样平均误差 $\mu_{\overline{x}}$ 的计算问题。设 $\mu_{\overline{x}_i}$ 表示第 i 类的抽样平均误差，S_i 表示第 i 类的样本标准差，$W_i = \frac{N_i}{N} = \frac{n_i}{n}$。方差定理告诉我们，总方差＝组间方差＋组内方差的平均数。由于类型抽样的每个类（组）均抽到，对于类而言就是全面调查而不是抽样调查，就不会产生误差。所以类型抽样产生的误差仅来源于各类内部进行的随机抽样所造成的随机误差。由于抽样平均误差的基本公式 $\mu_{\overline{x}} = \sqrt{\frac{\sigma^2}{n}}$，所以类型抽样的抽样平均误差就有如下公式。

1.重复抽样下

$$\mu_{\overline{x}} = \sqrt{\frac{\text{总方差}}{n}} = \sqrt{\frac{\text{组内方差平均数}}{n}} = \sqrt{\frac{\overline{S_i^2}}{n}} \qquad (4-22)$$

2.不重复抽样下

$$\mu_{\overline{x}} = \sqrt{\frac{\overline{S_i^2}}{n}\left(1 - \frac{n}{N}\right)} \qquad (4-23)$$

式 4-23 中 $\overline{S_i^2} = \sum_{i=1}^{k} W_i S_i^2 = \sum_{i=1}^{k}\left[\left(\frac{n_i}{n}\right)S_i^2\right]$，$S_i^2$ 为第 i 类的组内方差。

【例4】 设某乡某种经济作物的播种面积共有 630 平方千米。现采用类型抽样法，按平原和山区面积比例抽取样本容量 35 平方千米，计算平均单产 $\overline{x}_i$ 和标准差 S_i，如表 4-3 所示。

表 4-3 样本抽样数据

地 形	全部面积（平方千米）N_i	抽样面积（平方千米）n_i	抽样平均公顷产（千克）$\overline{x}_i$	样本标准差（千克）S_i
平 原	450	25	14400	330
山 区	180	10	11250	600
合 计	630	35	13500	425.02

求抽样平均误差，并以 95% 的置信度对全乡平均单产做区间估计。

解：样本平均单产 $\overline{x} = \frac{1}{n}\left(\sum_{i=1}^{k} n_i \overline{x}_i\right) = \frac{1}{35}(14400 \times 25 + 11250 \times 10) = 13500$（千克）

组内方差平均数 $\overline{S_i^2} = \frac{1}{n}\left(\sum_{i=1}^{k} n_i S_i^2\right) = \frac{1}{35}(330^2 \times 25 + 600^2 \times 10) = 180642.86$（千克）

$$\mu_{\overline{x}} = \sqrt{\frac{\overline{S_i^2}}{n}\left(1 - \frac{n}{N}\right)} = \sqrt{\frac{180642.86}{35}\left(1 - \frac{35}{630}\right)} = 69.82$$

总体平均数 $\overline{X}$ 的 95% 置信区间：

$$[\overline{x} \pm z_{\frac{a}{2}} \mu_{\overline{x}}] = [13500 \pm 1.96 \times 69.82]$$
$$= [13363.15, 13636.85]$$

（三）等距抽样

等距抽样又称机械抽样或系统抽样。它是把总体单位按一定的标志排队，然后按相等的距离抽取样本单位。

设总体有 N 个单位，现在需要抽取一个容量为 n 的样本，可以将总体单位 N 按一定标志排队，然后将 N 划分 n 个单位相等的部分，每部分都包含 k 个单位，即 $\left\lfloor \dfrac{N}{n} \right\rfloor = k$（$\lfloor \ \rfloor$ 表示取整）。并在第一部分顺序为 $1,2,3,\cdots,k$ 的 k 个单位中随机抽取 1 个单位，比如第 i 个单位，而在第二部分中抽取第 $i+k$ 个单位，第三部分中抽取第 $i+2k$ 个单位……在第 n 部分抽取第 $i+(n-1)k$ 个单位，共 n 个单位组成 1 个样本，而且每个样本单位的间隔均为 k，这种抽样方法称为等距抽样。等距抽样的随机性表现在抽取第一个样本单位上，当第一个单位确定后，其余的各个单位也就确定了。

用作总体各单位按顺序排列的标志，可以是无关标志也可以是有关标志。所谓无关标志是指排列的标志与单位变量数值的大小无关或不起主要影响作用，如时间序列标志、地理位置标志及其他无关标志。例如，进行工业产品质量检查，确定按 5% 的比例抽取样本时，可按连续生产的时间顺序每 20 个产品抽取 1 个，一直抽到预定的样本单位数为止。又如，要从全部 20000 名职工中抽选 400 人进行抽样调查，可以按姓名笔画多少顺序排列或编号，然后每隔 50 名抽 1 人组成样本。

在对总体各单位的变异情况有所了解的情况下，也可以采用有关标志进行总体单位的排列，使各单位的排列顺序和它的变量数值大小保持密切的关系。例如，进行农产品产量抽样调查，可利用各县或各乡当年估计亩产或最近三年平均亩产标志排队，抽取调查单位。又如居民家计调查，按平均收入排队抽取调查户，等等。由此可见，按有关标志排队实质上是运用类型抽样的一些特点，有利于提高样本的代表性。

按等距抽样方式来抽选调查单位，能够使抽出的调查单位更均匀地分配在总体中，因此，等距抽样的误差一般较简单随机抽样小，特别是当研究的现象标志变异程度大，而在实际工作中又不可能抽选更多的单位进行调查时，等距抽样就比简单随机抽样要显得更有效。

但也必须注意到，等距抽样在排定顺序时，第一个样本单位的位置确定后，其余单位也随之确定。因此要避免抽样间隔和现象本身的周期性节奏相重合引起的系统性影响。例如农产品抽样调查，农作物的抽样间隔不宜和垄的长度相等；工业产品质量抽查，产品抽样时间间隔不宜和上下班时间一致，预防发生系统性的偏差，影响样本的代表性。

关于等距抽样的抽样平均误差的计算问题，若按有关标志排队进行等距抽样，则相当于类型抽样。但由于每类只抽一个样本单位，所以组内平均数和组内标准差均无法计算，从而抽样平均误差的计算就比较困难。若采用无关标志排队进行等距抽样，则其抽样平均误差就十分接近简单随机抽样的抽样平均误差。为简便起见,可以采用简单随机抽样的抽样平均误差公式来近似地估计等距抽样的抽样平均误差。

(四)整群抽样

整群抽样又称分群抽样或集团抽样。整群抽样是将总体划分为若干组,每个组称为一个群,把每一个群作为一个抽样单位,整群地进行抽样,然后在被抽中的群内进行全面调查。例如,产品质量检验时,每隔 10 小时抽取 1 小时的产品进行检验。再比如对一批进口水果进行疫病检测,以箱(群)为单位随机抽取若干箱(群)水果,然后对抽中箱的箱内水果做全面调查。

我们要注意整群抽样与类型抽样的区别。类型抽样是在所分的各类中进行抽样,抽样单位仍然是总体单位。这就决定了分类的原则是:尽量缩小类内差异,而扩大类间差异。这样,基于类间差异的代表性就将增强,而基于类内差异的代表性的损失将减少,从而提高类型抽样的代表性水平。而整群抽样是只抽取部分群,并在抽中的群内进行全面调查。抽样单位是整个群,所以群实际上是扩大了的总体单位,群是缩小了的总体,是总体的缩影。这也决定了分群的原则应该是:尽量扩大群内差异,而缩小群间差异。这样就能使一个群成为总体的缩影,并且缩小组间方差而获得较好的代表性。所以整群抽样特别适用于群内差异大、群间差异小的情况。

设总体的全部单位划分为 R 群,每群所包含的单位数为 M。现在从总体 R 群中随机抽取 r 群组成样本。并且对选中的 r 群的所有 M 个单位进行调查。设样本的第 i 群第 j 个单位的变量值为 x_{ij},第 i 群的样本平均数为 $\overline{x}_i = \dfrac{\sum_{j=1}^{M} x_{ij}}{M}$,则样本平均数为

$$\overline{x} = \frac{\sum_{i=1}^{r} \overline{x}_i}{r} = \frac{\sum_{i=1}^{r} \sum_{j=1}^{M} x_{ij}}{rM} \qquad (4-24)$$

从式 4-24 中可以看出,整群抽样实质上是以群代替总体单位,以群平均数 $\overline{x}_i$ 代替总体单位变量值之后的简单随机抽样。或者说误差是由群间方差引起的,而群内由于是全面调查而不产生误差。设 S^2 为群间方差,则

$$S^2 = \frac{\sum_{i=1}^{r} (\overline{x}_i - \overline{x})^2}{r} \qquad (4-25)$$

与简单随机抽样类似,整群抽样的抽样平均误差为

$$\mu_{\overline{x}} = \sqrt{\frac{S^2}{r} \left(\frac{R-r}{R-1} \right)} \qquad (4-26)$$

式 4-26 相当于前面的 $\mu_{\overline{x}} = \sqrt{\dfrac{\sigma^2}{n} \left(\dfrac{N-n}{N-1} \right)}$。

整群抽样比较容易组织,由于抽中的单位比较集中,进行调查也比较方便。但是,正因

为抽选单位比较集中,从而影响了样本单位分布的均匀性。因此,整群抽样和其他抽样方式比较,在抽样单位数相同的条件下,抽样误差较大,代表性较低。因此,在采用整群抽样时,一般都要比其他抽样方式抽选更多的单位,从而降低抽样误差,提高抽样推断的精确度。

(五)多阶段抽样

对于一些规模较大的抽样调查,由于总体单位非常多,不但抽样框难以取得,而且难以直接从总体单位中抽取样本单位,这时就需要把抽样分成几个阶段来进行,这就是所谓的多阶段抽样。多阶段抽样是指先将总体分成一些较大范围的抽样单位(相当于群),从中抽取若干个较大范围的抽样单位,此即第一阶段;再把抽中的较大范围的抽样单位分成一些较小范围的抽样单位,然后从中抽取若干个较小范围的抽样单位,依次类推,直至最后抽出样本的基本单位的一种抽样方法。

农产品抽样调查就采用多阶段抽样方法。首先从全国所有省级行政区中抽中若干省(自治区、直辖市),再从抽中的省(自治区、直辖市)中抽取若干县(县级市、自治县、旗、自治旗、特区、林区),再从抽中的县级行政区中抽取若干乡(镇、苏木、民族乡),再从抽中的乡级行政区中抽取若干村,再从抽中的村中抽取若干地块,再从抽中的地块中抽取若干测框,从而构成最终的样本。

多阶段抽样的前面的阶段相当于整群抽样,而最后的阶段相当于类型抽样。

现在我们讨论两阶段抽样的抽样平均误差的公式。先将总体分成 R 个组,从中抽取 r 个组,此即第一阶段抽样。为简便计,假设每个组的单位数相同均为 M 个,再从已抽中的 r 个组中每一个组均抽取 m 个单位,此即第二阶段抽样。共抽取样本单位数 rm 个。样本平均数为

$$\overline{x} = \frac{\sum\limits_{i=1}^{r}\sum\limits_{j=1}^{m}x_{ij}}{rm} \tag{4-27}$$

抽样误差由两部分构成,其一是第一阶段从总体 R 个组中抽取 r 个组时产生的组间误差,其二是第二阶段从已抽中的 r 个组中每一个组均抽取 m 个单位时产生的组内平均误差。由于实际抽样均采用不重复抽样,还要乘上校正系数。这样就得出两阶段抽样的抽样平均误差公式为

$$\mu_{\overline{x}} = \sqrt{\frac{\sigma_1^2}{r}\left(\frac{R-r}{R-1}\right) + \frac{\sigma_2^2}{rm}\left(\frac{M-m}{M-1}\right)} \tag{4-28}$$

式 4-28 中, $\sigma_1^2 = \dfrac{\sum\limits_{i=1}^{R}(\overline{X}_i - \overline{X})^2}{R}$ 为组间方差; $\sigma_2^2 = \dfrac{\sum\limits_{i=1}^{R}\sigma_i^2}{R}$ 为组内方差的平均数。

习题

第五章
时间数列分析

课件

第一节 时间数列分析概述

一、时间数列的概念

统计分析根据数据及分析方法的不同可分为静态分析和动态分析。静态分析是根据同一时间上的数据资料静态地对总体的数量特征进行分析,动态分析则研究社会经济现象在不同时间上的数量变化发展过程。静态分析采用的数据一般为横截面数据,而动态分析采用的数据则是时间数列数据。

时间数列是指将某一系列统计指标在不同时间上的数值,按时间的先后顺序排列起来而形成的一个数列,也称为动态数列,例如 2010—2015 年我国的国内生产总值(GDP)(见表 5-1)。

表 5-1　2010—2015 年我国的国内生产总值(GDP)　　　　单位:亿元

年　份	GDP
2010	401513.0
2011	473104.0
2012	519470.0
2013	595244.4
2014	635910.0
2015	689052.0

资料来源:国家统计局网站,http://www.stats.gov.cn/。

从表 5-1 中可以看出时间数列由两个要素构成:一是资料所属的时间,另一个是各个时间上的统计指标数值。

研究时间数列具有重要的作用。第一,通过时间数列的编制和分析,可以反映社会经济现象的发展状况和水平;第二,可以研究社会经济现象的发展速度、发展趋势,探索现象发展变化的规律,并据以进行统计预测;第三,可以利用不同的但互相有联系的数列进行对比分析或相关分析。

二、时间数列的种类

时间数列按统计指标的性质不同,可分为绝对数时间数列、相对数时间数列和平均数时间数列三种。其中,绝对数时间数列是基本数列,其他两类数列则是绝对数时间数列的派生数列。

(一)绝对数时间数列

这是由一系列同类的总量指标数值,按时间先后顺序排列而形成的,反映某种社会经济现象在各个时间达到的绝对水平及发展变化情况的数列。按其所反映的指标数值所属时间不同,又可分为时期数据和时点数据。

1. 时期数据

时期数据是由时期指标形成的,数列中的每个指标数值都是反映某种社会经济现象在一段时期内发展过程的总量。如表 5-1 中所列的 2010—2015 年我国的国内生产总值就是时期数据。

2. 时点数据

时点数据是由时点指标形成的,数列中每一个指标数值都是反映现象在某一时间点上所达到的状态或水平,如表 5-2 所示。

表 5-2　2009—2014 年末我国城乡居民储蓄存款余额　　　　单位:亿元

年　份	存款余额
2009	260771.7
2010	303302.5
2011	343635.9
2012	399551.0
2013	447601.6
2014	485261.3

资料来源:国家统计局网站,http://www.stats.gov.cn/。

3. 时期数据和时点数据的特点

(1)从指标的数值与时间的关系看,时期数据中每个指标数值的大小与其所属时间间隔长短有直接关系。在一般情况下,指标所属时间愈长,指标数值愈大,反之则愈小;而时点数据中,每个指标数值的大小与其时间间隔长短无直接关系。

(2)从指标的特点看,时期数据中的各个指标数值是可以相加的。由于数列中每个指标的数值是表示在一段时期内发展过程的总量,所以相加后的数值就表示现象在更长时期内的发展过程的总量。而时点数据中的各个指标数值是不能相加的,因为时点数据中每个指标值都是表明现象在某一时点上的瞬间数值,相加以后无法说明属于哪一时点的数量,所以时点指标数值相加没有实际意义。

(3)从指标数值取得的方式看,时期数据中的每个指标数值一般都是通过连续不断登记取得的,而时点数据中的每个指标数值则是每经过一定时期登记一次取得的。

(二)相对数时间数列

相对数时间数列是将一系列同类相对指标值按时间先后顺序排列而形成的数列。它反映的是社会经济现象之间相互联系的发展过程。

由于相对指标是两个绝对数之比,所以不论是时期数据还是时点数据,都可编制有关的相对数时间数列。但在相对数时间数列中,由于各个指标数值的基数(分母)不同,所以不能直接相加。

(三)平均数时间数列

平均数时间数列是将一系列平均指标值按时间先后顺序排列而形成的数列。它反映的是社会经济现象总体各单位某标志一般水平的发展变动程度。

三、编制时间数列的原则

编制时间数列的目的在于分析社会现象的发展变化过程及其变化的规律性。因此,保证数列中各项指标数值的可比性是编制时间数列要遵守的基本原则。具体来讲,应注意以下四点。

(一)时间长短应该相等

在时期数据中,由于各个指标数值的大小与时期长短有直接关系,时期越长,指标数值就越大,反之就越小。所以在同一时期数据中各个指标所属的时期长短要求相等,才能对各期的指标数值进行比较,否则就难以进行比较和判断。但这也不是绝对的,有时为了研究某些事物的特殊情况,也可将时期不等的指标数值编成时期数据,如表 5-3 所示。

表 5-3　我国国内生产总值(GDP)发展情况　　　　　　　　　　单位:亿元

时期(年)	1953—1957	1960—1995	2001—2005	2006—2010	2011—2015
GDP	4698.0	351565.8	719161.6	1559780.7	2912780.4

资料来源:国家统计局网站,http://www.stats.gov.cn/。

表 5-3 中指标虽然时间不完全相等,但很能说明问题:我国第十个五年计划期间 GDP 超过了 1960—1995 年 GDP 总和的两倍,"十五"期间 GDP 是"一五"期间 GDP 的 150 多倍,"十一五"期间 GDP 比"十五"期间的 GDP 翻了一番,"十二五"比"十一五"又几乎翻了一番。

对于时点数据来说,由于各个指标只反映现象在某一时点的状态,所以不存在时期长短应该相等的问题,两时点间隔长短,对时点指标数值的大小没有直接影响,但为了更有利于对比,时点间隔最好能保持一致。

(二)总体范围要一致

这是指被研究现象所属的空间范围前后时期应该保持一致,如果总体范围有变动,这样资料的前后期就不可比,必须对资料加以适当调整,才能使资料具有可比性。

(三)经济内容要一致

在时间数列中各个指标的经济内容前后应一致,要注意各个指标内容的同质性.以免导致错误结果。如全民所有制企业和集体所有制企业经济性质不同,两者不能混为一体编制时间数列进行比较分析。

(四)计算方法要一致

这是指时间数列中各个指标在计算口径、计算价格、计量单位、计算方法上要一致。如不同年份用不同的不变价格计算工业总产值,这是不可以的,必须调整成同一时期的不变价格,才能进行对比分析。

四、时间数列分析的意义

时间数列是社会经济现象中很常见的数据类型,时间数列分析也是最常用的分析方法之一。时间数列分析的本质目的就是要从现象的历史数据中,找出事物的发展轨迹及其变动的规律性。时间数列分析的意义主要体现在:

(1)描述事物在过去时间的状态。

(2)分析事物发展变化的规律。

(3)对事物发展的长期趋势和季节波动进行测定和预测,为制订计划、做出相应决策提供科学依据。

(4)分析多个事物或某一现象的多个指标在时间上的依存性和共变性。

(5)可将事物的截面数据和时间数列相结合进行分析,从而得到总体更全面的信息。

第二节　时间数列的水平指标分析

时间数列的水平指标主要有发展水平、平均发展水平、增长量、平均增长量等指标。

一、发展水平

发展水平是时间数列中各个不同时期的统计指标数值，以反映现象在各个不同时期发展所达到的水平，它是计算各种动态分析指标的基础。

根据发展水平在时间数列中所处的位置不同，有最初水平、最末水平、中间水平、基期水平和报告期水平之分。在时间数列中，第一个指标数值叫最初水平，最后一个指标数值叫最末水平，其余各项指标数值叫中间水平。在对两个时间的发展水平作动态对比时，作为对比基础时期的水平称为基期水平，作为研究时期的指标水平称为报告期水平。我们可以用符号 $a_0, a_1, a_2, \cdots, a_{n-1}, a_n$ 代表数列中各个发展水平，那么 a_0 就是最初水平，a_n 就是最末水平，其余各项就是中间水平，如表 5-4 所示。

表 5-4　2010—2015 年我国粮食产量　　　　　　　　　　　　单位:万吨

年　份	2010	2011	2012	2013	2014	2015
粮食产量	54647.7	57120.8	58958.0	60193.8	60702.6	62143.9
符　号	a_0	a_1	a_2	a_3	a_4	a_5

资料来源:国家统计局网站,http://www.stats.gov.cn/。

在表 5-4 中,2010 年我国粮食产量 54647.7 万吨是最初水平,2015 年我国粮食产量 62143.9 万吨是最末水平,其余各项数值为中间水平。对于一个确定的时间数列来讲,其最初和最末水平是确定的。但是基期水平和报告期水平则不是固定的,而要看我们在进行动态对比时的比较对象。比如将 2015 年的粮食产量与 2010 年相比较,那么 2010 年粮食产量 a_0 是基期水平,而 2015 年粮食产量 a_5 则是报告期水平;若将 2014 年的粮食产量与 2012 年相比较,则 2012 年粮食产量 a_2 是基期水平,而 2014 年粮食产量 a_4 则是报告期水平。这是随着研究时间和目的的改变而改变的。

二、平均发展水平

将不同时期的发展水平加以平均而得的平均数叫平均发展水平,在统计上又称为序时平均数或动态平均数。它与前面所讲的一般平均数既有相同的一面,又有明显的区别。

相同的是,两者都是将现象的个别数量差异抽象化,概括地反映现象的一般水平。区别在于:(1)平均发展水平是同一现象在不同时期上发展水平的平均,从动态上说明其在某一段时间内发展的一般水平,它是根据时间数列计算的;而一般平均数是同质总体内各单位标志值的平均,从静态上说明其在具体历史条件下的一般水平,它是根据变量数列来计算的。(2)平均发展水平是对同一现象不同时间上的数值差异的抽象化,而一般平均数是对同一时间总体某一数量标志值差异的抽象化。

序时平均数可根据绝对数时间数列计算,也可根据相对数时间数列或平均数时间数列来计算。绝对数时间数列序时平均数的计算方法是最基本的方法。现分别介绍如下。

（一）由绝对数时间数列计算序时平均数

由于绝对数时间数列分为时期数据和时点数据，它们各具有不同的性质，因此计算序时平均数的方法也不一样。

1.由时期数列计算序时平均数

由于时期数列中各项指标数值相加等于全部时期的总量，因此，可直接用数列中各时期指标数值之和除以时期项数即得序时平均数。其计算公式为

$$\bar{a} = \frac{a_1 + a_2 + a_3 + \cdots + a_n}{n} = \frac{\sum a_i}{n}, i = 1, 2, 3, \cdots\cdots n \qquad (5-1)$$

式 5-1 中，$\bar{a}$——序时平均数；

$a_1, a_2, a_3, \cdots, a_n$——各期发展水平；

n——时期项数。

例如，义乌亿兴商贸公司是一家小商品批发公司，该公司 2016 年上半年的月平均销售额的计算如表 5-5 所示。

表 5-5　　　亿兴商贸公司 2016 年上半年各月销售额　　　　　　　　单位：万元

月　份	1	2	3	4	5	6
销售额	242	360	264	274	353	247

$$月平均销售额 = \frac{242 + 360 + 264 + 274 + 353 + 247}{6} = \frac{1740}{6} = 290（万元）$$

2.由时点数据计算序时平均数

由于时点数据的指标数值是每经过一段时间登记一次取得的，因此时点数据的序时平均数是假定在某一时间间隔内指标数值变动比较均匀的前提下推算出来的近似值。现分别就几种不同情况加以叙述。

（1）由连续时点数据计算序时平均数。在连续时点数据中有连续变动和非连续变动两种情况。

第一种：对连续变动的连续时点数据求序时平均数。如果连续时点数据每日的指标数值都有变动，称为连续变动的连续时点数据。可用简单算术平均法求序时平均数，其计算公式为

$$\bar{a} = \frac{a_1 + a_2 + a_3 + \cdots + a_n}{n} = \frac{\sum a_i}{n} (i = 1, 2, 3, \cdots, n)$$

例如已知公司一个月内每天的职工人数，要计算该月平均每天的职工人数，即可将该月每天的职工人数相加，除以该月的天数就可以了。

第二种：对非连续变动的连续时点数据求序时平均数。如果被研究对象不是逐日变动，而是间隔几日变动一次，这样的数列称为非连续变动的连续时点数据。可用加权算术平均

法来计算序时平均数。其计算公式为

$$\bar{a} = \frac{\sum a_i f}{\sum f} \qquad\qquad (5\text{-}2)$$

例如,亿兴商贸公司 2016 年 4 月 1 日有职工 70 人,4 月 11 日新招进 9 人,4 月 16 日辞去 4 人,则该企业 4 月份平均职工人数为

$$\bar{a} = \frac{70 \times 10 + 79 \times 5 + 75 \times 15}{10 + 5 + 15} = 74(\text{人})$$

(2)由间断时点数据计算平均发展水平。在间断时点数据中也有间隔相等和间隔不等两种情况。

第一种:由间隔相等的间断时点数据计算序时平均数。在实际统计中,对时点性质的指标,为了简化登记手续,往往每隔一定时间登记一次,如商品储存额、银行存款余额等,只统计月末或年末数字,这就组成了间隔相等的间断时点数据。例如,要求计算第二季度平均商品库存额,数据如表 5-6 所示。

表 5-6　亿兴商贸公司 2016 年第二季度商品库存额　　　　　　　　　单位:万元

月　份	3	4	5	6
月末库存额	120	200	160	280

由于表 5-6 中每月数字只表示各月月末库存额,不能代表各月库存额的一般水平,因此不能简单相加再平均,而应先算出各月的平均库存额,然后再算出第二季度总的平均库存额。具体计算方法如下。

第一步,用期初和期末时点值求其平均值作为该时期的代表值,即

4 月平均库存额 $= \dfrac{120 + 200}{2} = 160(\text{万元})$

5 月平均库存额 $= \dfrac{200 + 160}{2} = 180(\text{万元})$

6 月平均库存额 $= \dfrac{160 + 280}{2} = 220(\text{万元})$

第二步:将这些代表值再加以简单平均,即

第二季度平均库存额 $= \dfrac{160 + 180 + 220}{3} = \dfrac{560}{3} = 186.67(\text{万元})$

上面计算过程可概括为一般公式:

$$\bar{a} = \frac{\dfrac{a_1 + a_2}{2} + \dfrac{a_2 + a_3}{2} + \dfrac{a_3 + a_4}{2} + \cdots + \dfrac{a_{n-1} + a_n}{2}}{n-1}$$

$$= \frac{\dfrac{a_1}{2} + a_2 + \cdots + a_{n-1} + \dfrac{a_n}{2}}{n-1} \qquad\qquad (5\text{-}3)$$

式 5-3 中,$\bar{a}$——序时平均数;

a_i——各项时点指标数值；

n——时点个数。

这种计算方法称为首末折半法。

如上述计算第二季度平均库存额的两个步骤,可以合并简化为

$$\bar{a} = \frac{\dfrac{120}{2} + 200 + 160 + \dfrac{280}{2}}{3} = \frac{560}{3} = 186.67(万元)$$

第二种:由间隔不等的间隔时点数据计算序时平均数。在时点数据中,如果相邻时点间隔不等时,须先算出每两个相邻时点数据的简单平均数,再将这些平均数用相应的时点间隔距离作为权数进行算术加权平均,其计算公式为

$$\bar{a} = \frac{\dfrac{a_1 + a_2}{2}f_1 + \dfrac{a_2 + a_3}{2}f_2 + \cdots + \dfrac{a_{n-1} + a_n}{2}f_{n-1}}{\sum\limits_{i=1}^{n-1} f_i} \tag{5-4}$$

式 5-4 中,f——时间间隔。

例如,要求计算亿兴商贸公司 2016 年 2—7 月职工人数平均,数据如表 5-7 所示。

表 5-7　亿兴商贸公司 2016 年 2—7 月月末职工人数资料　　　　　　单位:人

月　份	2	4	5	7
月末职工人数	68	76	82	72

该公司 2—7 月平均职工人数为

$$\bar{a} = \frac{\dfrac{68 + 76}{2} \times 2 + \dfrac{76 + 82}{2} \times 1 + \dfrac{82 + 70}{2} \times 2}{2 + 1 + 2} = 75 \text{ 人}$$

(二)由相对数或平均数时间数列计算序时平均数

由于这两种时间数列是由总量指标时间数列派生出来的,因此其计算序时平均数的方法也是由总量指标计算序时平均数的方法派生出来的。具体方法为:先根据资料分别计算出所对比的两个数列的序时平均数,然后将两个序时平均数进行对比,从而得到相对指标或平均指标时间数列的序时平均数。基本公式为

$$\bar{c} = \frac{\bar{a}}{\bar{b}} \tag{5-5}$$

式 5-5 中,$\bar{c}$——相对指标或平均指标时间数列的序时平均数;

$\bar{a}$——分子数列的序时平均数;

$\bar{b}$——分母数列的序时平均数。

a 数列和 b 数列既可以是时期数据也可以是时点数据。

具体计算时又分以下几种情况。

1. 由两个时期数据对比形成的相对数或平均数时间数列计算序时平均数

例如,亿兴商贸公司 2016 年第一季度销售额计划完成情况如表 5-8 所示,试计算第一季度平均计划完成程度。

表 5-8　亿兴商贸公司 2016 年第一季度销售额计划完成情况

月　份	1	2	3
实际销售额(万元)a	242	360	264
计划销售额(万元)b	200	300	300
销售额计划完成(%)c	121	120	88

由 $\bar{c} = \dfrac{\bar{a}}{\bar{b}} = \dfrac{\dfrac{\sum a}{n}}{\dfrac{\sum b}{n}} = \dfrac{\sum a}{\sum b}$ 得

一季度平均计划完成程度 $= \dfrac{242+360+264}{200+300+300} \times 100\% = 106\%$

计算中如果 b、c 项数据已知,而缺少数据 a,则 $\bar{c} = \dfrac{\sum bc}{\sum b}$,计算可得

$$\bar{c} = \frac{\sum bc}{\sum b} = \frac{200 \times 121\% + 300 \times 120\% + 300 \times 88\%}{200+300+300} = 106\%$$

计算中如果 a、c 项数据已知,而缺少数据 b,则 $\bar{c} = \dfrac{\sum a}{\sum \dfrac{a}{c}}$,计算可得

$$\bar{c} = \frac{\sum a}{\sum \dfrac{a}{c}} = \frac{242+360+264}{\dfrac{242}{121\%} + \dfrac{360}{120\%} + \dfrac{264}{88\%}} = 106\%$$

2. 由两个时点数据对比组成相对数(或平均数)时间数列计算序时平均数

$$\bar{c} = \frac{\bar{a}}{\bar{b}} = \frac{\dfrac{\dfrac{a_1}{2} + a_2 + a_3 + a_4 + \cdots + \dfrac{a_n}{2}}{n-1}}{\dfrac{\dfrac{b_1}{2} + b_2 + b_3 + b_4 + \cdots + \dfrac{b_n}{2}}{n-1}} = \frac{\dfrac{a_1}{2} + a_2 + a_3 + a_4 + \cdots + \dfrac{a_n}{2}}{\dfrac{b_1}{2} + b_2 + b_3 + b_4 + \cdots + \dfrac{b_n}{2}}$$

例如,亿兴商贸公司 2016 年 1—4 月月初营销人员数及员工总数资料如表 5-9 所示,计算该企业第一季度营销人员占员工总数的平均比重。

表 5-9　亿兴商贸公司营销人员数及员工总数　　　　　　　　　　单位:人

月　份	1	2	3	4
月初营销人员数 a	12	19	15	16
月初员工总数 b	68	76	68	70

$$\text{第一季度管理人员占} \atop \text{职工总数的平均比重} = \frac{\frac{12}{2}+19+15+\frac{16}{2}}{\frac{68}{2}+76+68+\frac{70}{2}} = \frac{48}{213} = 22.54\%$$

3. 由一个时期数据和一个时点数据对比而成的相对数时间数列计算序时平均数

分别计算分子与分母的序时平均数,然后对比可得。例如,已知亿兴商贸公司 2016 年第二季度各月的销售额和月末库存额的资料,如表 5-10 所示。试计算该公司第二季度的月平均商品流转次数。

表 5-10　亿兴商贸公司 2016 年第二季度销售额和月末库存额　　　　　　单位:万元

月　份	3	4	5	6
销售额 a	264	274	353	247
月末库存额 b	120	200	160	280

解:$\bar{a} = \dfrac{\sum a}{n} = \dfrac{274+353+247}{3} = 291.33(万元)$

$$\bar{b} = \frac{\frac{1}{2}b_1+b_2+b_3+\frac{1}{2}b_4}{4-1} = \frac{\frac{120}{2}+200+160+\frac{280}{2}}{3} = 186.67(万元)$$

第二季度月平均商品流转次数为

$$\bar{c} = \frac{\bar{a}}{\bar{b}} = \frac{291.33}{186.67} = 1.56(次)$$

三、增长量

增长量是说明社会经济现象在一定时期内所增长的绝对数量,它是报告期水平与基期水平之差,反映报告期比基期增长的水平。其计算公式为

$$增长量=报告期水平-基期水平 \tag{5-6}$$

由于采用的基期不同,增长量可分为逐期增长量和累计增长量。逐期增长量是指报告期水平与前一期水平之差,它表明本期比上一期增长的绝对数量;累计增长量是指报告期水平与某一固定时期(基期)水平之差,它表明本期比某一固定时期增长的绝对数量,也即说明在某一段较长时期内总的增长量。这两个指标的公式为

$$逐期增长量:a_1-a_0,a_2-a_1,\cdots,a_n-a_{n-1} \tag{5-7}$$

$$累计增长量:a_1-a_0,a_2-a_0,\cdots,a_n-a_0 \tag{5-8}$$

逐期增长量和累计增长量的关系如下。

(1)逐期增长量之和等于相应时期的累计增长量,即

$$(a_1-a_0)+(a_2-a_1)+\cdots+(a_n-a_{n-1})=a_n-a_0$$

(2)每两个相邻的累计增长量之差等于相应时期的逐期增长量,即

$$(a_n-a_0)-(a_{n-1}-a_0)=a_n-a_{n-1}$$

在实际工作中,还常常计算年距增长量指标,它是报告期水平与上年同期水平之差。用公式表示为

$$年距增长量=报告期水平-上年同期水平 \qquad (5-9)$$

年距增长量可以消除季节变动的影响,它表明报告期水平较上年同期水平增加(或减少)的绝对数量。

四、平均增长量

平均增长量是说明社会经济现象在一定时期内平均每期增长的数量,从广义来说,它也是一种序时平均数,即逐期增长量时间数列的序时平均数,反映现象平均增长水平。其计算公式为

$$平均增长量=\frac{逐期增长量之和}{逐期增长量个数}=\frac{累计增长量}{时间数列项数-1} \qquad (5-10)$$

例如,2011—2015 年我国环境污染治理投资总额如表 5-11 所示,现计算平均增长量指标。

表 5-11 **2011—2015 年我国环境污染治理投资总额**　　单位:亿元

年　份	2011	2012	2013	2014	2015
环境污染治理投资总额	7114.0	8253.5	9037.2	9575.5	8806.3
逐期增长量	—	1139.5	783.7	538.3	−769.2
累计增长量	0	1139.5	1923.2	2461.5	1692.3

资料来源:国家统计局网站,http://www.stats.gov.cn/。

$$平均增长量=\frac{累计增长量}{时间数列项数-1}=\frac{1692.3}{5-1}=423.075 \text{ 亿元}$$

即 2011—2015 年我国环境污染治理投资总额平均每年增加 423.075 亿元。

第三节　时间数列的速度指标分析

时间数列的速度分析指标有发展速度、增长速度、平均发展速度和平均增长速度。这四种指标具有密切联系,其中发展速度是基本的速度分析指标。

一、发展速度

发展速度是表明社会经济现象发展程度的相对指标。它根据两个不同时期发展水平相对比而求得,一般用百分数或倍数表示。其计算公式为

$$发展速度 = \frac{报告期水平}{基期水平} \qquad\qquad (5-11)$$

由于采用的基期不同,发展速度可分为定基发展速度和环比发展速度。定基发展速度是指以报告期水平与某一固定时期水平之比计算的发展速度,它用来说明报告期水平已经发展到了固定时期水平的百分之几(或多少倍),表明这种现象在较长时期内总的发展速度,因此,有时也叫作"总速度"。环比发展速度是以报告期水平与前一时期水平之比计算的发展速度,它用来说明报告期水平已经发展到了前一期水平的百分之几(或多少倍),表明这种现象逐期的发展程度。如果计算的单位时期为一年,这个指标也可以叫作"年速度",这两种发展速度公式为

$$定基发展速度 = \frac{报告期水平}{最初水平},即\frac{a_1}{a_0},\frac{a_2}{a_0},\frac{a_3}{a_0},\cdots,\frac{a_n}{a_0} \qquad (5-12)$$

$$环比发展速度 = \frac{报告期水平}{前一期水平},即\frac{a_1}{a_0},\frac{a_2}{a_1},\frac{a_3}{a_2},\cdots,\frac{a_n}{a_{n-1}} \qquad (5-13)$$

定基发展速度与环比发展速度可以相互推算,它们之间的关系如下。

(1)定基发展速度等于相应时期的各个环比发展速度的连乘积。即

$$\frac{a_1}{a_0} \times \frac{a_2}{a_1} \times \frac{a_3}{a_2} \times \cdots \times \frac{a_n}{a_{n-1}} = \frac{a_n}{a_0}$$

(2)每两个相邻的定基发展速度之比等于相应时期的环比发展速度。即

$$\frac{a_n}{a_0} \div \frac{a_{n-1}}{a_0} = \frac{a_n}{a_{n-1}}$$

在实际工作中,有时还要计算年距发展速度指标。它是报告期发展水平与上年同期发展水平之比,又可以叫同比速度,其公式为

$$年距发展速度 = \frac{报告期水平}{上年同期水平} \qquad\qquad (5-14)$$

计算年距发展速度,也可以消除季节变动的影响,它表明本期水平较上年同期相对发展程度。

二、增长速度

增长速度是表明社会经济现象增长程度的相对指标。它可以根据增长量与基期水平对比求得。通常用百分比或倍数表示。其计算公式为

$$增长速度 = \frac{增长量}{基期水平} = \frac{报告期水平}{基期水平} - 1 = 发展速度 - 1(或100\%) \qquad (5-15)$$

由于采用的基期不同,增长速度也有定基增长速度和环比增长速度之分。定基增长速度是累计增长量与某一固定时期水平之比的相对数,它反映社会经济现象在较长时期内总的增长速度。环比增长速度是逐期增长量与前一期水平之比的相对数,它是表示社会经济现象逐期的增长程度。但这两个指标是不能直接进行相互换算的,它们都要根据发展速度来计算。其公式为

$$定基增长速度 = \frac{累计增长量}{最初水平} = 定期发展速度 - 1(或 100\%) \qquad (5\text{-}16)$$

$$环比增长速度 = \frac{逐期增长量}{前一期水平} = 环比发展速度 - 1(或 100\%) \qquad (5\text{-}17)$$

可见,当发展速度大于 1,则增长速度为正值,表示现象增长的程度,可用"增长了"或"增加了"来描述;当发展速度小于 1,则增长速度为负值,说明现象降低的程度,用"降低了"或"减少了"来描述。

例如,已知我国 2010—2015 年的股票筹资额,计算股票筹资额的发展速度(定基和环比)和增长速度(定基和环比),计算结果如表 5-12 所示。

表 5-12　2010—2015 年我国股票筹资额

年　份		2010	2011	2012	2013	2014	2015
股票筹资额(亿元)		11971.93	5814.19	4134.38	3868.88	7087.44	10974.85
发展速度(%)	定　基	100	48.57	34.53	32.32	59.20	91.67
	环　比	—	48.57	71.11	93.58	183.19	154.85
增长速度(%)	定　基	—	−51.43	−65.47	−67.68	−40.80	−8.33
	环　比	—	−51.43	−28.89	−6.42	83.19	54.85

资料来源:国家统计局网站,http://www.stats.gov.cn/。

从表 5-12 中可看出,2015 年定基发展速度为 91.67%,它也是 2010—2015 年发展的总速度,它还等于表 5-12 中各年环比发展速度的连乘积。即

$$48.57\% \times 71.11\% \times 93.58\% \times 183.19\% \times 154.85\% = 91.67\%$$

但环比增长速度的连乘积并不等于定基增长速度,所以两种增长速度之间不能直接进行数量上的相互推算。如已知环比增长速度要计算定基增长速度,应将环比增长速度加上 100% 后转化为环比发展速度,再将环比发展速度连乘得到定基发展速度,然后减去 100% 得出的就是定基增长速度。

在实际中,我们也常计算年距增长速度,用于说明年距增长量与上年同期发展水平对比达到的相对增长程度,又可以叫同比增长速度,用公式表示为

$$年距增长速度 = \frac{年距增长量}{上年同期发展水平} = 年距发展速度 - 1(或 100\%) \qquad (5\text{-}18)$$

三、平均发展速度和平均增长速度

平均速度指标包括平均发展速度和平均增长速度,它们是反映经济现象在一个较长时期内逐期平均发展变化的程度和逐期平均增长变化的程度的指标,用以观察现象在整个时期内的动态发展变化情况和趋势。时间数列速度分析是动态研究中重要的研究方法。

（一）平均发展速度

平均发展速度是各期环比发展速度的序时平均数。由于环比发展速度是根据同一现象在不同时间发展水平对比而得的动态相对数，因此，它不能应用计算序时平均数的方法来计算。通常，计算平均发展速度的方法有两种：几何平均法和方程法。

1. 几何平均法（又称水平法）

计算平均发展速度时，因为总速度等于各期环比发展速度的连乘积，所以不能对各期环比发展速度应用算术平均法，而要用几何平均法来计算。一般长期计划采用水平法，即长期计划要求在最后一年达到规定的 a_n 水平，此时应采用几何平均法算出的平均发展速度，按此平均发展速度发展，可以保证完成计划，所以几何平均法也称为水平法。即从最初水平 a_0 出发，每期以平均发展速度发展，经过 n 期发展，正好达到最末水平 a_n，用公式表示为

$$a_0 \cdot X_1 \cdot X_2 \cdot X_3 \cdot \cdots \cdot X_n = a_0 \cdot \overline{X} \cdot \overline{X} \cdot \overline{X} \cdot \cdots \cdot \overline{X} = a_0 \cdot \overline{X}^n = a_n$$

$$\overline{X}^n = \frac{a_n}{a_0} \tag{5-19}$$

因此，平均发展速度的计算公式为

$$\overline{X} = \sqrt[n]{\frac{a_n}{a_0}} \tag{5-20}$$

因为 $\frac{a_n}{a_0}$ 为 n 期定基发展速度，根据定基发展速度等于相应时期各环比发展速度的连乘积的关系，所以计算平均发展速度公式也可以表示为

$$\overline{X} = \sqrt[n]{\frac{a_n}{a_0}} = \sqrt[n]{X_1 \cdot X_2 \cdot X_3 \cdot \cdots \cdot X_n} = \sqrt[n]{R} \tag{5-21}$$

式 5-21 中，$\overline{X}$——平均发展速度；

$X_1, X_2, X_3, \cdots, X_n$——各期环比发展速度；

R——总速度；

n——环比发展速度的项数。

计算平均发展速度时，根据所掌握的资料不同可选用上述不同的公式来进行，下面仍以表 5-12 中的数据为例进行说明。

（1）若知道最初水平和最末水平，计算平均发展速度。

$$\overline{X} = \sqrt[n]{\frac{a_n}{a_0}} = \sqrt[5]{\frac{10974.85}{11971.93}} = 98.28\%$$

（2）若知道各环比发展速度，计算平均发展速度。

$$\overline{X} = \sqrt[n]{X_1 \cdot X_2 \cdot X_3 \cdots X_n}$$
$$= \sqrt[5]{48.57\% \times 71.11\% \times 93.58\% \times 183.19\% \times 154.85\%}$$
$$= 98.28\%$$

（3）若知道总速度，计算平均发展速度。

$$\overline{X} = \sqrt[n]{R} = \sqrt[5]{91.67\%} = 98.28\%$$

由上我们可看出，不管用哪个公式，计算的结果都是一致的。

我们还可以利用平均发展速度来预测某种现象在若干年后将要达到的水平。

例如，某地区 2015 年粮食产量为 1000 万吨，若保持年增长速度 10%，试求 2018 年该地区粮食总产量。

$$a_3 = a_0 \ \overline{x}^n = 1000 \times (1 + 10\%)^3 = 1331 (万吨)$$

利用几何平均法计算的平均发展速度还可以预测某种现象达到一定水平所需要的时间，计算公式为

$$n = \frac{\lg a_n - \lg a_0}{\lg \overline{X}} = \frac{\lg R}{\lg \overline{X}} \tag{5-22}$$

例如，2015 年某企业产值为 200 万元，如果今后以年均 20% 的增长速度增长，需要多少年能达到 1000 万元？

$$n = \frac{\lg a_n - \lg a_0}{\lg \overline{X}} = \frac{\lg 1000 - \lg 200}{\lg 1.2} = 8.8 (年)$$

2. 方程法

在实践中，如果长期计划按累计法制定，则要求用方程法来计算平均发展速度，按此平均速度发展，可以保证计划内各期发展水平的累计数能达到计划规定的总数，所以方程法也称累计法。即，从最初水平 a_0 出发，各期按平均发展速度 $\overline{X}$ 计算发展水平，则计算的各期发展水平累计总和，应与实际所具有的各期发展水平的累计总和相等。列出方程式，再求解，便得出平均发展速度。

设 $\overline{X}$ 为平均发展速度，按平均发展速度计算的各期水平的假定值为

第一期 $a_1 = a_0 \overline{X}$；

第二期 $a_2 = a_0 \ \overline{X}^2$；

第三期 $a_3 = a_0 \ \overline{X}^3$；

……

第 n 期 $a_n = a_0 \ \overline{X}^n$。

故各期假定水平之和为

$$a_0 \overline{X} + a_0 \ \overline{X}^2 + a_0 \ \overline{X}^3 + \cdots + a_0 \ \overline{X}^n = a_0 (\overline{X}^n + \overline{X}^{n-1} + \cdots + \overline{X}^2 + \overline{X}) \tag{5-23}$$

因各期实际水平之和为

$$a_1 + a_2 + a_3 + \cdots + a_n = \sum a \tag{5-24}$$

两者相等，则可列如下方程式

$$a_0 (\overline{X}^n + \overline{X}^{n-1} + \cdots + \overline{X}^2 + \overline{X}) = \sum a$$

即 $$\overline{X}^n + \overline{X}^{n-1} + \cdots + \overline{X}^2 + \overline{X} = \frac{\sum a}{a_0} \tag{5-25}$$

解此方程所得的正根就是要计算的平均发展速度。但是要解这个高次方程是比较复杂的,实际工作中需根据事先编就的平均增长速度查对表来查对计算。

(二)平均增长速度

平均增长速度是各期环比增长速度的序时平均数,它表明现象在一定时期内逐期平均增长变化的速度。应特别注意的是,计算平均增长速度不能直接将各期的环比增长速度连乘再开方求得,而应将各期环比增长速度加 1(或 100%)换算成各期环比发展速度,由环比发展速度按前述方法计算平均发展速度,再由平均发展速度来计算平均增长速度。平均增长速度与平均发展速度之间的关系为

$$平均增长速度＝平均发展速度－1(或 100\%) \tag{5-26}$$

平均发展速度大于 1,则平均增长速度为正值,表示现象在一个较长时期内逐期平均递增的程度,这个指标也叫平均递增率;反之,平均发展速度小于 1,则平均增长速度为负值,表示某种现象在一个较长时期内逐期平均递减程度,这个指标也叫平均递减率。

四、增长 1% 的绝对值

在对现象的发展情况进行分析时,不仅要考察现象的发展速度和增长速度,还必须联系增长百分数中所包含的绝对值。速度指标中增长 1%,也叫增加一个百分点。在环比增长速度中,由于基期水平各不相同,每年所增加一个百分点的绝对值是不同的。因此,增长 1% 的绝对值就是指在报告期水平与基期水平对比中,报告期比基期每增长 1% 所包含的绝对数值是多少。其计算公式为

$$增长 1\% 的绝对值＝\frac{逐期增长量}{环比增长速度\times 100}＝\frac{前一期发展水平}{100} \tag{5-27}$$

增长 1% 的绝对值通常是按环比增长速度计算的,不需要按定基增长速度计算。因为对定基增长速度来说,基期是固定不变的,因此各期增长 1% 的绝对值也是固定不变的,所以也就没有必要计算了。在增长速度和增长量都是负数时,增长 1% 的绝对值则说明每降低 1% 的绝对值数值。

综上所述,在根据时间数列计算的一系列分析指标时,必须注意以下几个方面的问题。

(1)要根据统计研究目的选择计算方法。当目的在于考察最末一年发展水平时,可采用几何平均法;当目的在于考察各期累计发展水平时,可采用方程法。

(2)要根据社会经济现象的特点选择计算方法。当现象随着时间的推移比较稳定地逐年上升或逐年下降时,一般采用水平法计算平均发展速度。当现象的发展不是有规律地逐年上升或下降,而是经常表现为升降交替,一般采用累计法计算平均发展速度。

(3)当研究时期很长时,应采取分段平均速度来补充说明总平均速度,以便全面、深入地了解现象的整个发展变化过程。

(4)平均速度指标要与其他指标结合应用。一是要与发展水平、增长量、环比速度、定基

速度等各项基本指标结合应用,起到分析研究和补充说明的作用,以便对现象有比较确切和完整的认识。二是在经济分析中,要与其他有关经济现象的平均速度指标结合应用。

第四节　时间数列的趋势模型

时间数列反映现象在不同时间上的变化。现实中大多数现象的变化都是由多种复杂因素共同作用的结果。这些影响因素按其性质和作用大致可以归纳为四种:(1)长期趋势(T),即在较长时期内都对现象有影响的基本因素引起的,使现象在一段时期内朝着某个方向变化的趋势。(2)季节变动(S),即由自然季节变换和社会习俗发展中的一种有规律的周期性波动。(3)循环变动(C),即社会经济发展中的一种近似规律性的盛衰交替变动。(4)不规则变动(I),即一种随机变动,它是时间数列中除了上述三种变动之外,剩下的受临时、偶然或不明因素引起的非趋势性、非周期性的随机变动。

一、时间数列的变动形态

上述四种变动按一定的方式组合共同作用引起现象的总变动。按这四种变动组合方式的不同,分为以下两种变动模式。

(1)当四种变动因素呈现出相互独立的关系时,时间数列总变动(Y)体现为各种因素的总和,即 $Y = T + S + C + I$。此加法模式中,Y、T 是总量指标,S、C、I 分别是季节变动、循环变动与不规则变动对长期趋势所产生的偏差,可能是正值也可能是负值。

(2)当四种变动因素呈现出相互影响的关系时,时间数列总变动(Y)体现为各种因素的乘积,即 $Y = T \cdot S \cdot C \cdot I$。此乘法模式中,$S$、$C$、$I$ 均为比率,用百分数表示。

一般来讲,上述四种因素相互作用、共同影响着事物的总变动,因此现实中经常采用乘法模式,将影响总变动的四种变动分别测定出来,以此来找出事物变动的原因。事实上,并不是所有的时间数列都包括上述全部四种变动。

二、长期趋势分析的意义

长期趋势就是研究某种现象在一个相当长的时期内持续向上或向下发展变动的趋势。比如自改革开放以来,我国国民经济始终保持着不断增长的势头。测定长期趋势的主要目的有:首先,在于把握现象的趋势变化;其次,从数量方面来研究现象的规律性,探求合适趋势线,为进行统计预测提供必要条件;最后,测定长期趋势,可以消除原有时间数列中长期趋势的影响,以便更好地显示和测定季节变动。

在实际工作中,常常把趋势分析与统计预测结合在一起。趋势分析与统计预测是现代化管理方法,它可以反映社会经济现象发展变化的规律,从而使我们对未来有比较科学的认识。通过预测为领导机关和管理部门制定正确的决策提供依据。

三、长期趋势测定的方法

反映现象发展的长期趋势有两种基本形式：一种是直线趋势，另一种是非直线趋势即曲线趋势。当所研究现象在一个相当长的时间内呈现出比较一致上升或下降的变动，如循一直线发展，则为直线趋势，可求出一条直线来代表，这条直线也可叫作趋势直线。趋势直线上升或下降，表示这种现象的数值逐年俱增或俱减，且每年所增加或减少的数量大致相同。所以直线趋势的变化率或趋势线的斜率基本上是不变的。而非直线趋势，其变化率或趋势线的斜率是变动的。

研究现象发展的长期趋势，就须对原来的时间数列进行统计处理，一般称之为时间数列修匀，即进行长期趋势测定，测定长期趋势的方法可分为非数学模型方法和数学模型法两大类。

（一）非数学模型方法

常用的非数学模型方法主要有时距扩大法和移动平均法。

1. 时距扩大法

这是测定直线趋势的一种简单方法。当原始时间数列的指标数值波动频繁，使现象的变化规律不明显时，可通过扩大数列时间间距，对原数列加以整理，使现象发展的趋势表现更为明显。一般来讲，当时间数列的指标为总量指标时，时距扩大法仅适用于时期数据，对时点数据则不大适用；如果数列的指标为相对指标或平均指标，则可适用于时期数据和时点数据。

例如，杭州市新仪纸袋厂2016年各月的总产值情况如表5-13所示。

表5-13　新仪纸袋厂2016年各月总产值资料　　　　单位：万元

月　份	1	2	3	4	5	6	7	8	9	10	11	12
总产值	10	9	11	15	12	16	20	18	24	28	25	30

从表5-13的资料来看，指标值并不是单向的变化，而是起伏不定，一段时间内增加，一段时间内又减少，从中我们并不能很清楚地看出总产值的发展趋势。如果将表5-13中的月度数据扩大时间间距，整理成季度数据，如表5-14所示。

表5-14　新仪纸袋厂2016年各季度总产值资料　　　　单位：万元

季　度	第一季度	第二季度	第三季度	第四季度
总产值	30	43	62	83

从表5-14的资料中我们可以很清晰地发现该企业的总产值呈现出增长的趋势，即时距扩大后使现象的变化趋势更明显了。

应用时距扩大法应注意：

(1)同一数列前后时间间距应当一致，以便于比较。

(2)时间间距的长短，应根据具体现象的性质和特点而定，以能显示现象变化趋势为宜。

时距扩大法的优点是简便，缺点是我们只能简单地发现现象发展的方向，即发展的方向是向上还是向下，但不能据以进行更深入的趋势分析和预测。

2. 移动平均法

移动平均法是采用逐项移动边移动边平均的方式计算一系列移动的序时平均数，形成一个新的序时平均数时间数列，在这新的时间数列中，原数列中受偶然因素的影响而引起的波动被削弱，从而反映出现象的总趋势。通过移动平均，可使时间数列的变动幅度变小，对数列起着一种修匀的作用，使其变化曲线更加的平滑。

移动平均可用符号 MA(n) 表示，在实际中，移动平均还要确定移动项数，如三项移动平均 MA(3) 和五项移动平均 MA(5)，或者四项移动平均 MA(4) 和六项移动平均 MA(6)。

现以南昌市皇上皇食品公司城北销售部 2016 年的原材料成本数据为例，采用三项和五项移动平均对数列进行修匀，如表 5-15 和图 5-1 所示。

表 5-15 中，三项移动第一个移动平均数为(12＋12＋15)/3＝13(万元)，使其对齐 2 月份；然后往后移动一期，第二个移动平均数为(12＋15＋17)/3＝14.67(万元)，使其对齐 3 月份，依此往后移动。同理可求五项移动平均的数值。

表 5-15　三项和五项移动平均数

月　份	原材料成本(万元)	三项移动平均(万元)	五项移动平均(万元)
1	12	—	—
2	12	13.00	—
3	15	14.67	15.00
4	17	17.00	16.00
5	19	17.67	17.00
6	17	17.67	18.00
7	17	18.00	19.00
8	20	19.67	20.00
9	22	22.00	21.00
10	24	22.67	22.00
11	22	22.67	—
12	22	—	—

上述是奇数项的移动平均，如果是偶数项的移动平均，如 MA(4)、MA(6) 等，方法则有所不同。现仍以表 5-15 中的资料为例进行四项移动平均，如表 5-16 所示。

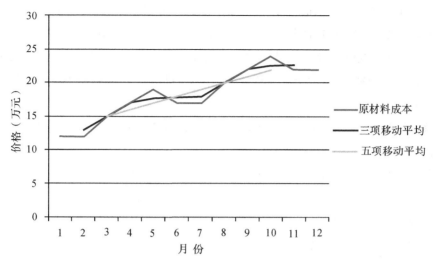

图 5-1　移动平均线

表 5-16　四项移动平均数

年　份	原材料成本(万元)	四项移动平均(万元)	移正平均(万元)
1	12	—	—
2	12	—	—
3	15	14.00	14.875
4	17	15.75	16.375
5	19	17.00	17.250
6	17	17.50	17.875
7	17	18.25	18.625
8	20	19.00	19.875
9	22	20.75	21.375
10	24	22.00	22.250
11	22	22.50	—
12	22	—	—

由表 5-16 可看出,在进行偶数项移动平均时,由于偶数项移动平均数都是在两项中间位置,所以要将移动平均数再进行两项"移正平均",使移动平均数能正好对齐原数列,经过移正平均后得到的移正值时间数列,才是最终要得到的结果。我们可以发现偶数项移动平均比奇数项移动平均要多一个步骤,更为复杂。

应用移动平均法分析长期趋势时,应注意下列四点。

(1)用移动平均法对原时间数列修匀,修匀程度的大小,与原数列移动平均的项数多少有关。一般来讲,移动平均的项数越多,则修匀的效果越明显,趋势线就越平滑。比如,上例中,五项移动平均比三项移动平均修匀的程度要更好些(见图 5-1)。

（2）移动平均法所取项数的多少,应视资料的特点而定。如果原有时间数列具有波动周期,则移动的项数以波动周期的长度为基础。事实上,当移动平均的时期长度等于周期长度或其整数倍时,它就能把周期的波动消除掉。例如,当数列资料为季资料时,可采用四项移动平均;若是月份资料,则应取十二项移动平均,这样可消除季节变动的影响,能较为准确地揭示现象的长期趋势。

（3）移动平均法,采用奇数项移动比较简单,一次即得趋势值;而采取偶数项移动时,往往要经过二次平均。

（4）移动平均后的数列,比原数列的项数要减少。也就是说移动平均虽然可以对数列进行修匀,但要以损失数据为代价。对于移动平均 $MA(n)$,当 n 为奇数时,损失的数据项数为 $n-1$ 项,如表 5-15 中的 $MA(3)$,损失了 $3-1=2$ 个数据;而 $MA(5)$ 则损失了 $5-1=4$ 个数据;当 n 为偶数时,损失的数据项数为 n 项,如表 5-16 中的 $MA(4)$,损失了 4 个数据。

（二）数学模型法

不管是时距扩大法还是移动平均法,它们只能使时间数列的发展方向变得更为明显,但不能将时间数列的发展趋势以具体的模型形式表现出来,尤其是对于时间数列的预测显得无能为力。所谓数学模型法,就是指在对原有时间数列进行分析的基础上,根据原数列发展趋势的类型,用一定的数学方法,拟合一条相应的趋势线,以此来测定长期趋势的方法。常用的数学模型法有分割平均法和最小平方法。

时间数列长期趋势总的来讲可分为两种类型,直线型趋势和曲线型趋势。常见的曲线趋势有指数趋势线和抛物线趋势。若用 y 表示原时间数列中的各期实际发展水平,t 表示时间,则上述三种趋势模型的函数表达式如下。

（1）直线趋势方程:$y=a+bt$。

（2）抛物线趋势方程:$y=a+bt+ct^2$。

（3）指数趋势方程 $y=ab^t$。

其中,各趋势方程中的 a、b、c 均为待估计参数,需根据原时间数列进行估计。

1. 模型的选择

在对时间数列拟合趋势线时,首先要判别该现象发展变化趋势的大概形态,常用的方法有散点图法和指标法。

（1）散点图法。若以原数列中各个时期为横坐标 t,各期指标值为纵坐标 y,根据 (t,y) 在直角坐标系中描出各个散点形成散点图,然后根据散点图的形状,分析选择适当的趋势线方程。若这些散点形状大体上,散布在某条直线 $y_c=a+bt$ 的附近,近似呈一条直线,就可对时间数列拟合直线趋势线。若观察到坐标中的各个散点是先陡直后平缓地上升,或先陡直后平缓地下降甚至由降转升,就可对时间数列拟合一条抛物趋势线。若观察到各个散点的分布是先平缓后陡直地上升或先陡直后平缓地下降,则可对时间数列拟合一条指数趋势线。

（2）指标法。就是对时间数列发展水平计算一些指标,根据计算出来的指标值来判断时间数列的长期趋势类型。

若根据时间数列计算出的各个逐期增长量大致相同,即可拟合一条直线趋势线。这是因为在 $y_c=a+bt$ 这条直线上的理论逐期增长量完全相同,如表 5-17 所示。

表 5-17　各个逐期增长量大致相同

时间 t	$y_c=a+bt$	逐期增长量
0	a	—
1	$a+b$	b
2	$a+2b$	b
3	$a+3b$	b
…	…	…
$n-1$	$a+(n-1)b$	b
n	$a+nb$	b

所以,它可以用来描述逐期增长量大致相同的现象的变动。

若根据时间数列计算出各期二级增长量大致相同,即可对原数列拟合一条抛物趋势线。这是因为抛物线 $y=a+bt+ct^2$ 的二级增长量是完全相同的,如表 5-18 所示。

表 5-18　各期二级增长量大致相同

时间 t	$y=a+bt+ct^2$	逐期增长量	二级增长量
0	a	—	—
1	$a+b+c$	$b+c$	—
2	$a+2b+4c$	$b+3c$	$2c$
3	$a+3b+9c$	$b+5c$	$2c$
…	…	…	…
n	$a+nb+n^2c$	$b+(2n-1)c$	$2c$

所以,它可以用来描述二级增长量大致相等的现象的变动。

若根据时间数列计算出的各期环比发展速度大致相等,可对原数列拟合一条指数趋势线。因为这条指数趋势线 $y=ab^t$ 的理论环比发展速度完全相同,如表 5-19 所示。

表 5-19　各期环比发展速度大致相同

时间 t	$y=ab^t$	环比发展速度
0	a	—
1	ab	b
2	ab^2	b
3	ab^3	b
…	…	…
n	ab^n	b

所以,可以用它来描述环比发展速度大致相同的现象的变动。

2. 直线趋势测定的分割平均法

分割平均法,又称分段平均法。其基本思想是:几何学中的"两点确定一直线"的原理。具体来讲,就是把时间数列分成前后相等的两部分,若时间数列为偶数项,则前后等分;若时间数列为奇数项,则舍去最早一期的资料,剩下的偶数项再前后等分。根据前后两部分数列,可分别计算出两段数列时间和发展水平的简单算术平均数$(\bar{t}_1,\bar{y}_1)$和$(\bar{t}_2,\bar{y}_2)$。其中$\bar{t}_1$和$\bar{t}_2$分别表示前后两段数列时间的简单算术平均数,$\bar{y}_1$和$\bar{y}_2$分别表示前后两段数列发展水平的简单算术平均数。根据两点可确定一直线的原理,可由$(\bar{t}_1,\bar{y}_1)$与$(\bar{t}_2,\bar{y}_2)$确定参数a、b,即可求出直线趋势方程$y_c=a+bt$。

分割平均法拟合直线趋势方程的数学依据为$\sum(y-y_c)=0$,即实际观察值与理论趋势值离差之和等于零。这个基本要求可以通过前后两部分数列$\sum(y-y_c)=0$来满足。下面推导求解参数a和b的具体方法。

将$y_c=a+bt$代入$\sum(y-y_c)=0$,可得

$$\sum(y-a-bt)=0$$
$$\sum y-na-b\sum t=0$$
$$\sum y=na+b\sum t$$
$$\frac{\sum y}{n}=a+b\frac{\sum t}{n}$$
$$\bar{y}=a+b\bar{t}$$

将时间数列分成相等的两部分,即有

$$\begin{cases}\bar{y}_1=a+b\bar{t}_1\\\bar{y}_2=a+b\bar{t}_2\end{cases}$$

解此方程组即得

$$\begin{cases}a=\bar{y}_1-b\bar{t}_1=\bar{y}_2-b\bar{t}_2\\b=\dfrac{\bar{y}_2-\bar{y}_1}{\bar{t}_2-\bar{t}_1}\end{cases}$$

例如,杭州天天宝贝母婴用品店2011—2016年的商品销售额资料如表5-20所示。

表5-20 2011—2016年杭州天天宝贝母婴用品店的商品销售额

年 份	2011	2012	2013	2014	2015	2016
销售额(万元)	27	29	31	34	36	38

要求:(1)利用分割平均法确定直线趋势线。(2)根据直线趋势预测2017年的商品销售额。

在确定直线趋势之前,首先,要对原时间数列的年序作处理,通常采用编号的方法来表

示各个时期,如本例中 2011 年为 1,2012 年为 2,…,依次类推;其次,要判别原时间数列是否呈直线趋势。本例可通过计算销售额的逐期增长量来判别,如表 5-21 所示。

表 5-21　商品销售量逐期增长量计算表

时间 t	1	2	3	4	5	6
销售额	27	29	31	34	36	38
逐期增长量	—	2	2	3	2	2

由表 5-21 可看出,该店 6 年来销售额的逐期增长量大致相同,可以认为该数列属于直线趋势。

(1)依照上述分割平均法求解参数 a 和 b 的基本原理,将原时间数列分为前后两部分,前半部分为前三项,后半部分为后三项,则 t 和 y 的简单算术平均数分别计算如下。

$$\bar{t}_1 = \frac{1+2+3}{3} = 2, \bar{t}_2 = \frac{4+5+6}{3} = 5$$

$$\bar{y}_1 = \frac{27+29+31}{3} = 29, \bar{y}_2 = \frac{34+36+38}{3} = 36$$

将以上资料代入公式得联立方程为

$$\begin{cases} 29 = a + 2b \\ 36 = a + 5b \end{cases}$$

解之得

$$b = \frac{\bar{y}_2 - \bar{y}_1}{\bar{t}_2 - \bar{t}_1} = \frac{36-29}{5-2} = 2.33$$

$$a = \bar{y}_1 - b\bar{t}_1 = 29 - 2.33 \times 2 = 24.33$$

所以,直线趋势方程为

$$y_c = 24.33 + 2.33t$$

要预测该店 2017 年的商品销售额,只要将 2017 年的 t 代入趋势方程即可。

$$y_c = 24.33 + 2.33t = 24.33 + 2.33 \times 7 = 40.67(万元)$$

3. 直线趋势测定的最小平方法

如果现象的发展,其逐期增长量大致相等时,则可考虑配合直线趋势。直线趋势方程一般形式为

$$y_c = a + bt \tag{5-28}$$

式 5-28 中,a——直线的截距;

b——直线的斜率。

直线方程式中,a、b 为两个未知参数,如果能够把 a、b 计算出来,那么直线方程也就确定了。因此我们的目标就是求出 a、b 的值。

根据最小平方法的原理,拟合的趋势线必须满足一个最基本的要求,即原有数列的实际数值与趋势线的估计数值的离差平方之和为最小。用公式表示为

$$\sum (y - y_c)^2 = \min \tag{5-29}$$

式 5-29 中,y——原时间数列的实际数值;

　　　　　y_c——趋势线的估计数值。

令 $F = \sum (y - y_c)^2 = \sum (y - a - bt)^2$,对此函数的参数 a、b 分别求偏导数,当此函数的值为最小值时,两个偏导数都应为 0,即

$$\begin{cases} \dfrac{\partial F}{\partial a} = 0 \\ \dfrac{\partial F}{\partial b} = 0 \end{cases} \Rightarrow \begin{cases} \sum y = na + b\sum t \\ \sum ty = a\sum x + b\sum t^2 \end{cases} \Rightarrow \begin{cases} a = \bar{y} - b\bar{t} \\ b = \dfrac{n\sum ty - \sum t\sum y}{n\sum t^2 - (\sum t)^2} \end{cases} \tag{5-30}$$

式 5-30 中,t——时间数列的时间;

　　　　　y——时间数列中各期的水平;

　　　　　n——时间数列的项数。

公式 5-29 稍显复杂,为了计算更简单,我们可以对时间 t 进行假设,假设的前提是数列的时间间隔是相等的,此时假设的 t 的间距也应相等。当时间项数为奇数时,可假设 t 的中间项为 0,这时时间项依次排列为:$\cdots, -3, -2, -1, 0, 1, 2, 3, \cdots$;当时间项数为偶数时,时间项依次排列为:$\cdots, -5, -3, -1, 1, 3, 5, \cdots$,这样假设的目的是使时间项 t 的正负抵消,即使 $\sum t = 0$,此时上述联立方程组可简化为

$$\begin{cases} \sum y = na \\ \sum ty = b\sum t^2 \end{cases} \Rightarrow \begin{cases} a = \dfrac{\sum y}{n} = \bar{y} \\ b = \dfrac{\sum ty}{\sum t^2} \end{cases} \tag{5-31}$$

例如,2003—2012 年我国茶叶产量资料如表 5-22 所示。

表 5-22　2003—2012 年我国茶叶产量　　　　　　　　　　单位:万吨

年　份	茶叶产量	逐期增长量
2006	102.8	—
2007	116.5	13.7
2008	125.8	9.3
2009	135.9	10.1
2010	147.5	11.6
2011	162.3	14.8
2012	179.0	16.7
2013	192.4	13.4
2014	209.6	17.2
2015	224.9	15.3

资料来源:国家统计局网站,http://www.stats.gov.cn/。

根据表 5-22 资料,可认为其逐期增长量大致相等,因此应可拟合一个直线趋势方程,计算方法如表 5-23 所示。

表 5-23 直线趋势方程计算

年　份	y	t	t^2	ty	y_c
2006	102.8	-9	81	-925.2	98.92
2007	116.5	-7	49	-815.5	112.42
2008	125.8	-5	25	-629.0	125.92
2009	135.9	-3	9	-407.7	139.42
2010	147.5	-1	1	-147.5	152.92
2011	162.3	1	1	162.3	166.42
2012	179.0	3	9	537.0	179.92
2013	192.4	5	25	962.0	193.42
2014	209.6	7	49	1467.2	206.92
2015	224.9	9	81	2024.1	220.42
合　计	1596.7	0	330	2227.7	1596.7

解:
$$\begin{cases} b = \dfrac{\sum ty}{\sum t^2} = \dfrac{2227.7}{330} = 6.75 \\ a = \bar{y} = \dfrac{1596.7}{10} = 159.67 \end{cases}$$

得到直线方程:$y_c = 159.67 + 6.75t$。

根据求得的直线趋势方程,我们可以对现象进行预测。比如预测我国 2017 年的茶叶产量。

可知 2017 年 $t=13$,代入直线方程:
$$y_c = 159.67 + 6.75 \times 13 = 247.42(万吨)$$

利用上述方法,我们可以对许多经济现象进行简单的经济预测。

4. 曲线趋势测定的最小平方法

当时间数列的长期趋势为曲线趋势时,可利用最小平方法来确定曲线方程的参数。求解的方法仍是根据最小平方法的原理,即原有数列的实际数值与趋势线的估计数值的离差平方之和为最小。用公式表示为

$$\sum (y - y_c)^2 = \min \tag{5-32}$$

式 5-32 中,y——原时间数列的实际数值;

y_c——趋势线的估计数值。

(1)抛物线方程。当时间数列各期水平的二级增长量(逐期增长量的增长量)大致相同时,趋势线近似一条抛物线,可配合抛物线方程:

$$y_c = a + bt + ct^2 \tag{5-33}$$

此抛物线方程中,有 a、b、c 三个未知参数,根据最小平方法,同样用求偏导数的方法,导出下面三个方程的方程组。

$$\begin{cases} \sum y = na + b\sum t + c\sum t^2 \\ \sum ty = a\sum t + b\sum t^2 + c\sum t^3 \\ \sum t^2 y = a\sum t^2 + b\sum t^3 + c\sum t^4 \end{cases}$$

当令 $\sum t = 0$ 时,可得简化方程为

$$\begin{cases} \sum y = na + c\sum t^2 \\ \sum ty = b\sum t^2 \\ \sum t^2 y = a\sum t^2 + c\sum t^4 \end{cases}$$

例如,宁波金泰门窗有限公司产值资料如表 5-24 所示。

表 5-24   2011—2016 年宁波金泰门窗有限公司产值   单位:万元

年　份	产　值	逐期增长量	二级增长量
2011	1200	—	—
2012	1400	200	—
2013	1620	220	20
2014	1862	242	22
2015	2127	265	23
2016	2413	286	21

由表 5-24 可以计算发现,各年二级增长量大致相等,所以可拟合一个抛物线方程。计算过程如表 5-25 所示。

表 5-25   抛物线方程计算

年　份	t	y	ty	t^2	$t^2 y$	t^4	y_c
2011	-5	1200	-6000	25	30000	625	1200.36
2012	-3	1400	-4200	9	12600	81	1399.30
2013	-1	1620	-1620	1	1620	1	1620.03
2014	1	1862	1862	1	1862	1	1862.54
2015	3	2127	6381	9	19143	81	2126.84
2016	5	2413	12065	25	60325	625	2412.93
合　计	0	10622	8488	70	125550	1414	10622.0

将表 5-25 中的数据代入公式得

$$\begin{cases}10622=6a+70c\\8488=70b\\125550=70a+1414c\end{cases} \quad 解得\begin{cases}a=1738.5652\\b=121.2571\\c=2.7232\end{cases}$$

将 a、b、c 代入抛物线方程,得趋势线方程为

$$y_c=1738.5652+121.2571t+2.7232t^2$$

同样也可根据此方程进行预测,比如预测宁波金泰门窗有限公司 2018 年的产值,也即 $t=9$ 时:

$$y_c=1738.5652+121.2571\times9+2.7232\times9^2=3030.458(万元)$$

(2)指数曲线方程。如果时间数列的环比发展速度或环比增长速度大致相同时,则可考虑对数列拟合指数曲线方程。指数曲线的一般方程为

$$y_c=ab^t \tag{5-34}$$

式 5-34 中,a、b——未定参数。

公式 5-34 表示,第 t 年的变量 y 等于基期水平乘上一般发展速度的 t 次方。

指数曲线方程的求解方法一般是先将指数方程取对数化为直线方程,即

$$\lg y_c=\lg a+t\lg b$$

令 $Y=\lg y_c$,$A=\lg a$,$B=\lg b$,则 $Y=A+Bt$。

按照前面直线趋势方程的求法,可知

$$\begin{cases}A=\bar{Y}\\B=\dfrac{\sum tY}{\sum t^2}\end{cases}$$

解出 A、B 后,再求反对数,就可求出 a、b。

例如,浙江省历年人口数如表 5-26 所示。

表 5-26　2006—2016 年浙江省年底人口数　　　　单位:万人

年　份	人口数	环比增长速度(%)
2006	4629.43	—
2007	4659.34	0.65
2008	4687.85	0.61
2009	4716.18	0.60
2010	4747.95	0.67
2011	4781.31	0.70
2012	4799.34	0.38
2013	4826.89	0.57
2014	4859.18	0.67
2015	4873.34	0.29
2016	4910.85	0.77

资料来源:浙江统计信息网,http://www.zj.stats.gov.cn/。

由表 5-26 可见,除少数年份以外,各年环比增长速度大致相同,可拟合指数曲线方程。具体计算过程如表 5-27 所示。

表 5-27　指数曲线方程计算

年　份	t	y	$Y=\lg y$	t^2	$t\lg y$
2006	-5	4629.43	3.665528	25	-18.3276
2007	-4	4659.34	3.668324	16	-14.6733
2008	-3	4687.85	3.670974	9	-11.0129
2009	-2	4716.18	3.673590	4	-7.34718
2010	-1	4747.95	3.676506	1	-3.67651
2011	0	4781.31	3.679547	0	0
2012	1	4799.34	3.681182	1	3.681182
2013	2	4826.89	3.683667	4	7.367335
2014	3	4859.18	3.686563	9	11.05969
2015	4	4873.34	3.687827	16	14.75131
2016	5	4910.85	3.691157	25	18.45578
合　计	0	52491.66	40.464860	110	0.277752

根据表 5-27 中数据计算得

$$A=\frac{\sum Y}{n}=\frac{40.46486}{11}=3.678624, B=\frac{\sum tY}{\sum t^2}=\frac{0.277752}{110}=0.002525$$

对 A、B 求反对数,得

$$a=4771.161, b=1.005831$$

最后得出指数曲线方程为

$$y_c=4771.161\times1.005831^t$$

根据指数曲线方程也可对现象进行预测。如本例中预测 2017 年年底浙江省的人口数,也即当 $t=6$ 时,$y_c=4771.161\times(1.005831)^6=4940.537$(万人)。

综上所述,我们在分析社会经济现象发展的长期趋势时,不论是直线趋势还是曲线趋势,都具有一定的适用范围,不同性质的时间数列应采用不同的趋势线。因此,在现实中要做好经济预测工作,除了学会用数学方法来建立数学模型外,一定要做好调查研究,了解经济现象变动的性质,具体情况具体分析,才能得出较为准确的结果。

第五节　时间数列的季节变动分析

一、测定季节变动的意义

除了测定现象发展的长期趋势外,还要考察时间数列中各年的变动量是否表现出季节变动的规律性。所谓季节变动,是指某些社会经济现象受到季节交替、生产条件和自然因素的影响,而形成每年重复出现的有规律性的周期变动。

测定现象的季节变动,对生产经营活动有重要的作用,能认识和掌握研究对象的变动周期及其规律性,克服因季节变动而引起的不良影响,有利于制订计划、进行预测、顺利组织和指导工作,便于安排生产、保障供给,使经济持续稳定发展。

二、季节变动的测定方法

测定季节变动的方法按其是否考虑长期趋势的影响来看,有两种方法:一是不考虑长期趋势的影响,直接根据原始的时间数列来计算,常用的方法是同期平均法;另一种是根据剔除长期趋势影响后的数列资料来计算,常用的方法是移动平均趋势剔除法。不管使用哪种方法来计算季节变动,都须用至少三年的资料作为基本数据进行计算分析,这样才能较好地消除偶然因素的影响,使季节变动的规律性更切合实际。

(一)同期平均法

同期平均法是指对各年同一时期(同月或同季)的发展水平进行平均后再算各月或各季的季节比率的方法。其计算步骤如下。

(1)将各年同期的数据排成一列对齐,列成数据表。

(2)求各年同期的平均数。

(3)将所有时期的数值加总,求出总平均数。

(4)求同期平均数对总平均数的比率,称之为季节比率,记为 $S.I.$,其计算公式为

$$S.I. = \frac{同期平均数}{总平均数} \times 100\% \qquad (5-35)$$

如果采用的是季度数据,季节比率之和应该等于 400%,如果采用的是月度数据,则季节比率之和应该等于 1200%。

例如,湖南益阳实木取暖器厂 2014—2016 年各季度的销售量情况如表 5-28 所示。

表 5-28　2014—2016 年湖南益阳实木取暖器厂销售量季节比率计算　　　　单位:百台

	第一季度	第二季度	第三季度	第四季度	合　计
2014 年	216	18	63	255	552
2015 年	245	22	75	378	720
2016 年	288	26	99	399	812
季平均数	249.67	22.00	79.00	344.00	173.67
$S.I.$(%)	143.76	12.67	45.49	198.08	399.99

本例中的季节比率之和为 399.99%,这是由于计算季节比率时对小数进行四舍五入造成的,与 400% 基本上相差不大。如果算出的结果相差太大,则应对季节比率进行调整,调整的方法是将季节比率再乘上一个调整系数。

$$调整系数 = \frac{400\%}{四个季度季节比率之和}(季度资料)$$

$$调整系数 = \frac{1200\%}{十二个月季节比率之和}(月度资料)$$

从表 5-25 可看出,四个季度的季节比率分别为 143.76%、12.67%、45.49% 和 198.08%,由于受气候条件的影响,该厂取暖器的销售量有较明显的季节变动。春、夏季销售量较低、秋、冬季销售量增加,季节比率使这种季节变动规律表现得更为具体,了解季节变动规律,从而可以合理地安排生产和销售。另外,根据季节比率,我们也可以对销售量进行预测。例如在该例中,假设已知 2017 年第一季度的取暖器销售量为 35000 台,预测 2017 年第四季度取暖器的销售量。

$$第四季度的销售量 = \frac{35000}{143.76} \times 198.08 = 48225(台)$$

同期平均法的优点是计算简便,缺点是计算季节比率时没有考虑到长期趋势的影响,因此计算结果并不准确。而移动平均趋势剔除法求季节变动则能克服这个缺点。

(二)移动平均趋势剔除法

应用移动平均趋势剔除法有两种不同情况:一种是长期趋势与季节变动之间相互影响,即二者为乘积形式;另一种是长期趋势与季节变动之间相互独立,即二者为和的形式。

1. 当长期趋势与季节变动之间为乘积形式时

应按除法剔除长期趋势求季节比率,步骤如下。

(1)根据各年的按月(季)资料(y)进行移动平均,如果是月度资料,则进行十二项移动平均,即 MA(12);如果是季度资料,则进行四项移动平均,即 MA(4),求出趋势值 y_c。

(2)将实际数值除以趋势值即得 $\frac{y}{y_c}$,如表 5-29 所示。

表 5-29　长期趋势计算

季　度	销售量 （百台）y	$y_c = \mathrm{MA}(4)$	$\dfrac{y}{y_c} \times 100\%$	$y - y_c$
2014 年 Ⅰ	216	—	—	—
Ⅱ	18	—	—	—
Ⅲ	63	141.625	44.48	−78.625
Ⅳ	255	145.75	174.96	109.25
2015 年 Ⅰ	245	147.75	165.82	97.25
Ⅱ	22	164.625	13.36	−142.625
Ⅲ	75	185.375	40.46	−110.375
Ⅳ	378	191.25	197.65	186.75
2016 年 Ⅰ	288	194.75	147.88	93.25
Ⅱ	26	200.375	12.98	−174.375
Ⅲ	99	—	—	—
Ⅳ	399	—	—	—

（3）把 $\dfrac{y}{y_c}$ 按月（季）排列，求出各月（季）的季节比率 I_s。

（4）加总平均季节比率，其总和应为 1200%（或 400%），如果不等于此数，则需要算出校正系数以作相应调整，调整后可得各季度的季节比率如表 5-30 所示。

表 5-30　除法剔除长期趋势后季节比率计算

	第一季度	第二季度	第三季度	第四季度	合计
2014 年	—	—	44.48	174.96	—
2015 年	165.82	13.36	40.46	197.65	—
2016 年	147.88	12.98	—	—	—
平均	156.85	13.17	42.47	186.30	398.79
校正系数	1.00302	1.00302	1.00302	1.00302	—
季节比率(%)	157.33	13.21	42.60	186.87	400

从表 5-30 可看出，除法剔除长期趋势后四个季度的季节比率分别为 157.33%、13.21%、42.60% 和 186.87%，与同期平均法计算的结果会有所差异。

2. 当长期趋势与季节变动之间相互独立时

应按减法剔除趋势值求季节变差，步骤如下。

（1）用移动平均法求出趋势值 y_c。

（2）剔除长期趋势计算 $y - y_c$（如表 5-29 所示）。

（3）计算同期平均数。

（4）计算余数得季节变差 $S.V.$（如表 5-31 所示）。把同期平均数合计数分摊到各时期的同期平均数中去。即 $S.V. = 同期平均数 - \dfrac{\sum 同期平均数}{时期数}$。

表 5-31 减法剔除长期趋势后季节比率计算

	第一季度	第二季度	第三季度	第四季度	合计
2014 年	—	—	−78.625	109.25	—
2015 年	97.25	−142.625	−110.375	186.75	—
2016 年	93.25	−174.375	—	—	—
平均数	95.25	−158.50	−94.50	148.00	−9.75
校正数	+2.4375	+2.4375	+2.4375	+2.4375	—
季节变差	97.6875	−156.0625	−92.0625	150.4375	0

季节变差的意义是以移动平均的长期趋势为基础,各季度上下波动的标准幅度。其计量单位与原始资料相同。在表 5-31 中,第一季度季节变差 $= 95.25 - \dfrac{-9.75}{4} = 93.5 + 2.4375 = 97.6875$ 万件,式中 $+2.4375$ 即为校正数。其他三个季度的季节变差和第一季度的计算类似。

第六节 用 Excel 作时间数列分析

一、计算发展速度(定基和环比)和增长速度(定基和环比)

(一)数据

我国股票市场 2010—2015 年各年的股票筹资额如表 5-32 所示。

表 5-32 我国股票市场 2010—2015 年各年股票筹资额

年　份	股票筹资额(亿元)
2010	11971.93
2011	5814.19
2012	4134.38
2013	3868.88
2014	7087.44
2015	10974.85

资料来源:《中国统计年鉴 2016》,中国统计出版社,2016 年。

要求计算各年的发展速度(定基和环比)和增长速度(定基和环比)。

(二)步骤

第一步:将相关数据录入到Excel的工作表中,其中年份录入到A3:A8单元格,股票筹资额录入到B3:B8单元格,如图5-2所示。

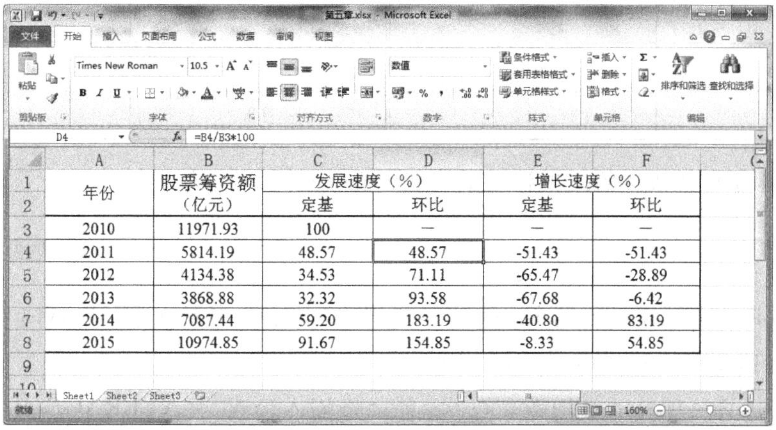

年份	股票筹资额(亿元)	发展速度(%)		增长速度(%)	
		定基	环比	定基	环比
2010	11971.93	100	—	—	—
2011	5814.19	48.57	48.57	-51.43	-51.43
2012	4134.38	34.53	71.11	-65.47	-28.89
2013	3868.88	32.32	93.58	-67.68	-6.42
2014	7087.44	59.20	183.19	-40.80	83.19
2015	10974.85	91.67	154.85	-8.33	54.85

图5-2 数据录入

第二步:计算定基发展速度。在C3单元格输入公式"=B3/11971.93*100",然后将公式复制到C4:C8单元格,得到各年的定基发展速度,结果如图5-2中的C列所示。

第三步:计算环比发展速度。因为2010年的环比发展速度是算不出来的,所以从2011年开始算,在D4单元格输入公式"=B4/B3*100",然后将公式复制到D5:D8单元格,得到各年的环比发展速度,结果如图5-2中的D列所示。

第四步:计算定基增长速度。在E4单元格输入公式"=C4-100",然后将公式复制到E5:E8单元格,得到各年的定基增长速度,结果如图5-2中的E列所示。

第五步:计算环比增长速度。在F4单元格输入公式"=D4-100",然后将公式复制到F5:F8单元格,得到各年的定基增长速度,结果如图5-2中的F列所示。

二、计算移动平均数

(一)数据

南昌市皇上皇食品公司城北销售部2016年的原材料成本数据如表5-33所示。

表 5-33　2016 年南昌市皇上皇食品公司城北销售部原材料成本

月份	原材料成本(万元)	月份	原材料成本(万元)
1	12	7	17
2	12	8	20
3	15	9	22
4	17	10	24
5	19	11	22
6	17	12	22

要求计算原材料成本的三项移动平均数和五项移动平均数。

(二)步骤

第一步:将相关数据录入到 Excel 的工作表中,其中月份录入到 A2:A13 单元格,原材料成本录入到 B2:B13 单元格,如图 5-3 所示。

第二步:计算三项移动平均数。在 C3 单元格输入公式"＝AVERAGE(B2:B4)",然后将公式复制到 C4:C12 单元格,得到各期的三项移动平均数,结果如图 5-3 中的 C 列所示。

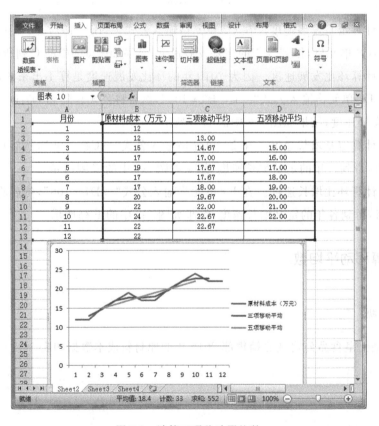

图 5-3　计算三项移动平均数

第三步：计算五项移动平均数。在 D4 单元格输入公式"＝AVERAGE(B2:B6)"，然后将公式复制到 D5:D11 单元格，得到各期的五项移动平均数，结果如图 5-3 中的 D 列所示。

第四步：画出折线图。选中单元格 B1:D13，再点击菜单"插入"—"图表"—"折线图"，选择"二维折线图"中的第一个，即可得到如图 5-3 中的折线图。

三、计算趋势预测值

(一)数据

我国 2006—2015 年的茶叶产量数据如表 5-34 所示。

表 5-34　2006—2015 年我国茶叶产量

年　份	茶叶产量(万吨)	年　份	茶叶产量(万吨)
2006	102.80	2011	162.30
2007	116.50	2012	179.00
2008	125.80	2013	192.40
2009	135.90	2014	209.60
2010	147.50	2015	224.90

资料来源：《中国统计年鉴 2016》，中国统计出版社，2016 年。

要求根据直线趋势预测我国 2017 年的茶叶产量。

(二)步骤

第一步：将相关数据录入到 Excel 的工作表中，其中年份录入到 A2:A11 单元格，茶叶产量录入到 B2:B11 单元格。

第二步：在工作表中选择一个空的单元格，比如我们选择 B13 单元格。然后点击"f_x"，会出现"插入函数"对话框，在函数类别中选择"统计"，然后选择"FORECAST(预测)"函数，如图 5-4 所示。

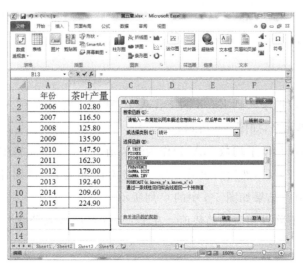

图 5-4　插入函数

第三步：点击"确定"按钮，会出现"函数参数"对话框。在"X"中输入"2017"（要预测的是 2017 年的茶叶产量），在"Know_y's"中输入"B2：B11"（茶叶产量），在"Know_x's"中输入"A2：A11"（年份），如图 5-5 所示。

图 5-5　函数对话框

第四步：点击"确定"按钮，即可得到我国 2017 年茶叶产量的预测值大约为 247.43 万吨。

四、计算季节比率

（一）数据

湖南益阳实木取暖器厂 2014—2016 年各季度的销售量情况如表 5-35 所示。

表 5-35　2014—2016 年湖南益阳实木取暖器厂各季度销售量情况　　　　单位：百台

	第一季度	第二季度	第三季度	第四季度
2014 年	216	18	63	255
2015 年	245	22	75	378
2016 年	288	26	99	399

要求用趋势剔除法计算各季度的季节比率。

（二）步骤

第一步：将相关数据录入到 Excel 的工作表中，其中季度录入到 A3：A14 单元格，销售量录入到 B3：B14 单元格，如图 5-6 所示。

第二步：计算四项移动平均数 MA(4)作为趋势值。在 C5 单元格中输入公式"＝（B3/2＋B4＋B5＋B6＋B7/2)/4"，然后将公式复制到 C6：C12 单元格，得到各期的四项移动平均数即为各期的趋势值。结果如图 5-6 中的 C 列所示。

第三步：将实际值除以相应的趋势值。在 D5 单元格中输入公式"＝B5/C5"，然后将公式复制到 D6:D12 单元格。结果如图 5-6 中的 D 列所示。

第四步:计算同季平均。在 B16 单元格中输入公式"=(D7+D11)/2",在 B17 单元格中输入公式"=(D8+D12)/2",在 B18 单元格中输入公式"=(D5+D9)/2",在 B19 单元格中输入公式"=(D6+D10)/2"。

第五步:计算总平均值。在 C16 单元格中输入公式"=AVERAGE(D5:D16)"。

第六步:计算季节比率。将同季平均值除以总平均值。在 D16 单元格中输入公式"=B16/C16＊100",在 D17 单元格中输入公式"=B17/C16＊100",在 D17 单元格中输入公式"=B17/C16＊100",在 D18 单元格中输入公式"=B18/C16＊100"。

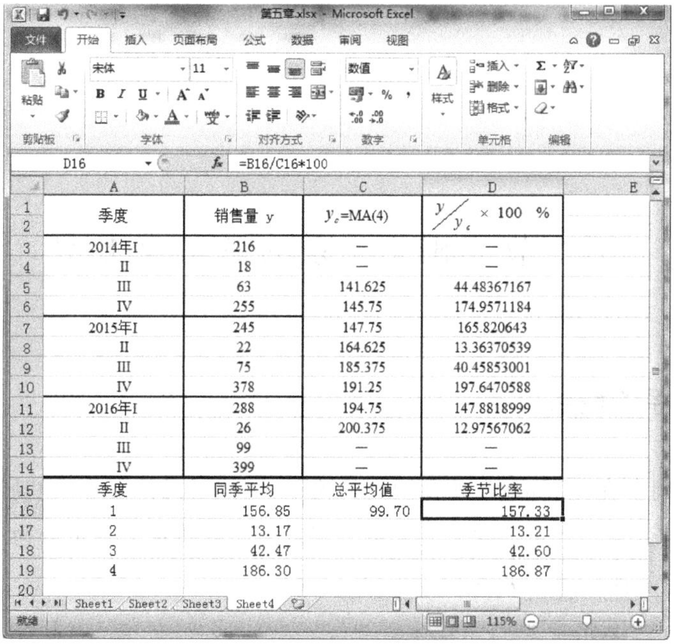

季度	销售量 y	$y_c = MA(4)$	$\dfrac{y}{y_c} \times 100$ %
2014年I	216	—	—
II	18	—	—
III	63	141.625	44.48367167
IV	255	145.75	174.9571184
2015年I	245	147.75	165.820643
II	22	164.625	13.36370539
III	75	185.375	40.45853001
IV	378	191.25	197.6470588
2016年I	288	194.75	147.8818999
II	26	200.375	12.97567062
III	99	—	—
IV	399	—	—
季度	同季平均	总平均值	季节比率
1	156.85	99.70	157.33
2	13.17		13.21
3	42.47		42.60
4	186.30		186.87

图 5-6　录入相关数据

最终得到四个季度的季节比率分别为 157.33%、13.21%、42.60% 和 186.87%。

习题

第六章
相关与回归分析

课件 📄

第一节　相关关系的概念及类型

一、相关关系的概念

一些现象之间存在相互依赖、相互制衡的关系,例如居民消费水平和居民可支配收入之间、研发投入和创新能力之间等的相关关系。变量之间的数量关系可分为两种:一种是函数关系(确定型),另一种是相关关系(不确定型)。

(一)函数关系

函数关系是指变量之间存在严格的相互依存关系,它们之间的关系值是完全确定的,某个变量的取值都有另一个变量的取值与之对应。

例如,圆的面积 S 和半径 r 之间的函数关系为

$$S = f(r) = \pi r^2 \tag{6-1}$$

式 6-1 中,S——因变量;

　　　　r——自变量;

　　　　f——对应法则。

给定自变量的取值,因变量有且仅有唯一确定的取值与之对应。

(二)相关关系

现实世界中,严格的函数关系的例子较少,大量存在的是变量之间的相关关系。相关关系是指变量之间确实存在的但关系值不确定的相互依存关系。

不同于函数关系,一方面,相关关系确实反映变量之间在数量上的内在联系,当一个变量的值发生变化后,另一个变量的值也随之发生变化。例如,居民可支配收入的数量发生变化会引起居民消费水平的变化。另一方面,相关关系不能确定变量之间的数量对应关系,给定自变量的值,因变量有多个值与自变量对应,且因变量的取值不是确定的,存在一定的随机性,因为存在多个因素对因变量产生影响。例如,居民消费水平的变化不仅受到可支配收入的影响,还与宏观经济环境、消费品价格、不同收入人群等因素有关。

二、相关关系的类型

相关关系从不同的视角、不同的学科可以分为不同的类型,如图 6-1 所示。例如,从形式上看,可以分为线性相关和非线性相关;从自变量个数看,按自变量的多少可以分为单相关、复相关和偏相关。这里主要按相关的方向和程度对相关关系进行分类。

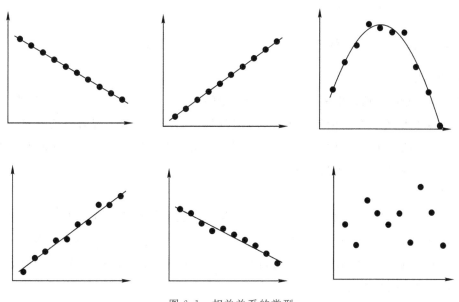

图 6-1　相关关系的类型

(一)按相关的方向可分为正相关和负相关

1. 正相关
正相关是指两个变量的变化趋势相同,当一个变量的值增加(减少)时,另一个变量的值也随着增加(减少)。例如,当企业在广告支出上的费用增加时,企业的销售量随之增加;当企业在广告支出上的费用减少时,企业的销售量也随之减少。

2. 负相关
负相关是指两个变量的变化趋势相反,当一个变量的值增加(减少)时,另一个变量的值随之减少(增加)。例如,当利率上升时,股价下跌;当利率下降时,股价上涨。

（二）按相关的程度可分为完全相关、不相关和不完全相关

1. 完全相关

完全相关是指一个变量的数量变化完全由另一个变量的数量变化决定，它是函数关系的一种特例。例如，圆的面积和半径就属于完全相关。

2. 不相关

不相关有时也称零相关。不相关是指一个变量的变化不影响另一个变量的变化，即两个变量的数值变化是相互独立的。例如，大学生就业率和大学生的年龄不相关。

3. 不完全相关

不完全相关是介于不相关和完全相关之间的一种相关关系，也是现实生活中最为常见的类型，因此在相关分析中主要是对不完全相关关系进行研究。完全相关和不相关本质上是确定的相关关系，而不完全相关是不确定的相关关系。例如，居民的消费水平和居民的个人可支配收入就是不完全相关。

（三）按相关的表现形态分为线性相关和非线性相关

1. 线性相关

当一个变量的数值发生变动时，另一个变量的数值沿着相同的变化方向发生改变，且变化幅度大体相当，在直角坐标系中这两个变量的散点图可近似地表现为一条直线。这种相关关系被称为线性相关或直线相关。例如，居民人均可支配收入与居民人均消费水平之间的关系在一般情况下就表现为线性相关。

2. 非线性相关

当一个变量的数值发生变动时，另一个变量的数值也发生变动，但是两个变量的数值变化并没有呈现直线相关，而是近似地表现为某种曲线形式，这种相关关系被称为非线性相关或曲线相关。例如，税率与政府税收之间的散点图表现为抛物线的形式，这两个变量之间的关系就是一种非线性相关。

第二节　相关分析

相关分析是研究变量之间相互依存关系的统计学方法，考察存在相关关系的变量之间的相关方向及相关程度。根据数据类型的不同，相关分析可以分为定量数据、定类数据和定序数据三种不同数据类型的相关分析。

一、定量数据的相关分析

定量数据是指用数值来表示现象特征的一类数据，例如，某经济开发区每家企业的销售

额、某省各个城市的第三产业从业人员数等,它们都是定量数据。研究定量数据一般使用简单相关系数分析方法。

(一)皮尔逊相关系数

对定量数据进行相关性分析,最常用的是皮尔逊相关系数,又称积差相关系数。设 x,y 为随机变量,x 与 y 的皮尔逊相关系数 r 的定义为

$$r = \frac{n\sum_{i=1}^{n}x_iy_i - \sum_{i=1}^{n}x_i\sum_{i=1}^{n}y_i}{\sqrt{n\sum_{i=1}^{n}x_i^2 - (\sum_{i=1}^{n}x_i)^2}\sqrt{n\sum_{i=1}^{n}y_i^2 - (\sum_{i=1}^{n}y_i)^2}} \tag{6-2}$$

式 6-2 中,(x_i,y_i)——观测值$(i=1,2,\cdots,n)$。

例如,某次期末考试中 12 位学生的统计学成绩 x 与数学成绩 y 的样本值如表 6-1 所示。

表 6-1　样本观测值数据

统计学成绩(分)x	65	63	67	64	68	62	70	66	68	67	69	71
数学成绩(分)y	68	66	68	65	69	66	68	65	71	67	68	70

这 12 位同学的统计学成绩与数学成绩的相关系数的计算过程如表 6-2 所示。

表 6-2　相关系数的计算

序　号	x	y	x^2	y^2	xy
1	65	68	4225	4624	4420
2	63	66	3969	4356	4158
3	67	68	4489	4624	4556
4	64	65	4096	4225	4160
5	68	69	4624	4761	4692
6	62	66	3844	4356	4092
7	70	68	4900	4624	4760
8	66	65	4356	4225	4290
9	68	71	4624	5041	4828
10	67	67	4489	4489	4489
11	69	68	4761	4624	4692
12	71	70	5041	4900	4970
合　计	800	811	53418	54849	54107

根据表 6-2 的资料可知,$n=12$,$\sum xy = 54107$,$\sum x = 800$,$\sum y = 811$,$\sum x^2 = 53418$,$\sum y^2 = 54849$,从而可得

$$相关系数\ r=\frac{12\times54107-800\times811}{\sqrt{12\times53418-800^2}\times\sqrt{12\times54849-811^2}}=0.7$$

(二)线性相关

皮尔逊相关系数测度的是两个变量之间的线性相关程度,从 r 的定义可知 $|r|\leqslant1$。

$$\begin{cases} |r|=0,完全线性不相关 \\ |r|=1,完全线性相关 \\ 0<r<1,正线性相关 \\ -1<r<0,负线性相关 \end{cases}$$

按相关程度对线性相关系数进行分类,一般的分类标准为

$$\begin{cases} 高度相关,0.8<|r|<1 \\ 中度相关,0.5<|r|\leqslant0.8 \\ 低度相关,0.3<|r|\leqslant0.5 \\ 弱相关,0<|r|\leqslant0.3 \end{cases}$$

(三)皮尔逊相关系数的假设检验

相关系数是利用样本观测值计算得到的,但两个变量之间的相关关系是否在总体范围内同样存在,则需要利用假设检验的方法探究样本相关系数 r 和总体相关系数 ρ 在统计上是否存在显著差别。相关系数检验的方法包括 t 检验和 Z 检验,这里主要介绍 t 检验。

相关系数 t 检验法的具体步骤如下。

第一步,提出假设。原假设为 $H_0:\rho=0$,备择假设为 $H_1:\rho\neq0$。

第二步,确定显著性水平 α。一般将 α 的值设为 0.05,意味着如果从相关系数 $\rho=0$ 的总体中得到 r 值的概率大于 0.05,认为 r 值很可能是从 $\rho=0$ 的总体中得到的,即接受原假设,否则拒绝原假设。

第三步,计算检验统计量,查表得到 p 值。t 统计量的计算公式为

$$t=\frac{r}{\sqrt{\dfrac{1-r^2}{n-2}}}\sim t(n-2) \tag{6-3}$$

如果 $p<0.05$,则拒绝原假设,即存在相关关系,否则认为不存在相关关系。

例如,某地 15 名正常成年人的血铅含量 x 和 24 小时的尿铅含量 y 的数据如表 6-3 所示。

表 6-3　某地 15 名正常成年人的血铅含量和尿铅含量数据

编　号	血铅含量 x	尿铅含量 y
1	0.11	0.14
2	0.25	0.25
3	0.23	0.28

续　表

编　号	血铅含量 x	尿铅含量 y
4	0.24	0.25
5	0.26	0.28
6	0.09	0.1
7	0.25	0.27
8	0.06	0.09
9	0.23	0.24
10	0.33	0.3
11	0.15	0.16
12	0.04	0.05
13	0.2	0.2
14	0.34	0.32
15	0.22	0.24

第一步,原假设 H_0:血铅含量 x 与尿铅含量 y 无关,备择假设 H_1:血铅含量 x 与尿铅含量 y 相关。

第二步,根据皮尔逊相关系数的计算公式,可得 x 与 y 之间的相关系数 $r=0.9787$,$n=15$,将其代入下面的公式得

$$t=\frac{r}{\sqrt{\frac{1-r^2}{n-2}}}=17.19$$

第三步,通过查临界值表,$p<0.001$,则拒绝原假设 H_0,认为血铅与尿铅之间存在正相关关系。

二、定类数据的相关分析

定类数据又称类别数据或分类数据,是指按事物的某种属性进行分类或分组的数据。例如,按性别将人口分为男、女两类,按年龄分为青少年、中年和老年等。定类数据在数据形式上与定量数据存在较大差异,因此,对定类数据进行统计分析的方法也不同,一般采用列联表和 χ^2 分布。

(一)列联表

列联表又称交叉表,它是将两个或更多变量的数据以列表方式表示共同出现的频率。例如,某电话公司对不同年龄拥有手机的情况进行了调查研究,其中对 1000 人的调查所得的结果如表 6-4 所示。

表 6-4　拥有手机人群的不同年龄结构分布　　　　　　　　单位：人

手　机	18～24 岁	25～54 岁	55～64 岁	≤65 岁	总　数
有	50	80	70	50	250
无	200	170	180	200	750
总　数	250	250	250	250	1000

（二）卡方检验

卡方检验是一种用于定类数据、具有广泛用途的统计方法，可用于两个或多个类别间的比较，包括计数资料的关联分析、配对计数资料的分析、拟合优度检验等。此外，卡方检验不仅可用于大样本，而且同样适用于小样本。

卡方检验是用卡方统计量（χ^2）进行统计显著性检验的，χ^2 可用于测度两个定类变量之间的相关程度。如果用 f_o 表示实际的观测值频数，用 f_e 表示期望值频数，则 χ^2 可表示为

$$\chi^2 = \sum \frac{(f_o - f_e)^2}{f_e} \tag{6-4}$$

卡方检验的原假设和备择假设分别为

H_0：两个定类变量之间相互独立；

H_1：两个定类变量之间不相互独立。

下面通过一个例子来介绍卡方检验的步骤，仍以表 6-4 的数据为例。

第一步，构造原假设和备择假设。

H_0：不同年龄层拥有手机的比例是一样的；

H_1：不同年龄层拥有手机的比例是不一样的。

第二步，在 H_0 假设成立下，每一年龄层拥有手机的比例应是 250/1000＝25％，每一年龄层不拥有手机的百分比为 75％，理论频数的计算如表 6-5 所示。

表 6-5　理论频数的计算结果　　　　　　　　单位：人

手　机	18～24 岁	25～54 岁	55～64 岁	≤65 岁	总　数
有	62.5	62.5	62.5	62.5	250
无	187.5	187.5	187.5	187.5	750
总　数	250	250	250	250	1000

第三步，根据检验统计量计算 χ^2 值

$$\chi^2 = \sum \frac{(f_o - f_e)^2}{f_e} = 14.3$$

第四步，χ^2 的自由度为 $v=(h-1)(k-1)=3$，其中 h 表示年龄的类别数，k 为手机的类别数，通过查表可知 $p<0.05$，故我们拒绝原假设，认为不同年龄层拥有手机的比例是不一样的。

（三）列联表中的相关系数

利用 χ^2 可以对列联表中自变量和因变量的相关性进行检验,如果两者相互独立,则说明它们之间不存在相关性;反之,则认为它们之间存在相关性。用于测度定类数据相关程度的指标称为品质相关系数,常用的品质相关系数有以下几种。

1. φ 相关系数

φ 相关系数是用来描述列联表数据相关程度最常用的一种相关系数,其计算公式为

$$\varphi = \sqrt{\frac{\chi^2}{N}} \tag{6-5}$$

式 6-5 中, χ^2 ——根据观测值计算得到的 χ^2 值;

N ——列联表中的总频数,即样本量。

例如,表 6-6 就是一个简化的列联表。

表 6-6　2×2 列联表

因素 Y	因素 X		合　计
	x_1	x_2	
y_1	a	b	$a+b$
y_2	c	d	$c+d$
合　计	$a+c$	$b+d$	

在 2×2 列联表中,每个单元中频数的期望值为

$$e_{11} = \frac{(a+b)(a+c)}{n}, e_{21} = \frac{(a+c)(c+d)}{n},$$

$$e_{12} = \frac{(a+b)(b+d)}{n}, e_{22} = \frac{(b+d)(c+d)}{n}$$

则

$$\chi^2 = \sum \frac{(f_o - f_e)^2}{f_e} = \frac{(a - e_{11})^2}{e_{11}} + \frac{(b - e_{12})^2}{e_{12}} + \frac{(c - e_{21})^2}{e_{21}} + \frac{(d - e_{22})^2}{e_{22}}$$

$$= \frac{n(ad - bc)^2}{(a+b)(c+d)(a+c)(b+d)}$$

$$\varphi = \sqrt{\frac{\chi^2}{N}} = \frac{ad - bc}{\sqrt{(a+b)(c+d)(a+c)(b+d)}}$$

2. 列联相关系数

列联相关系数又称列联系数,其计算公式为

$$c = \sqrt{\frac{\chi^2}{\chi^2 + N}} \tag{6-6}$$

列联系数的取值介于 0 和 1 之间,若两个定类变量不存在相关关系,则列联系数等于 0。

例如，A 组和 B 组各包含 100 个病人，A 组人使用了一种血清，而 B 组人没有使用（称为控制组）。除 A 组人多使用该种血清外，两组人都进行了同样的治疗，结果 A 组和 B 组中分别有 75 人和 65 人治愈。则两个样本的平均治愈比例为 $(75+65)/200=0.7$，即原假设为：血清没有效力下，我们期望每一组中有 70 康复，30 人没有康复。观测值频数和理论频数的结果如表 6-7、表 6-8 所示。

表 6-7 观测值频数

组 别	康 复	未康复	总 数
A 组（用血清）	75	25	100
B 组（未用血清）	65	35	100
总 数	140	60	200

表 6-8 理论频数

组 别	康 复	未康复	总 数
A 组（用血清）	70	30	100
B 组（未用血清）	70	30	100
总 数	140	60	200

根据表 6-7、表 6-8 的数据，则有

$$\chi^2=\frac{(75-70)^2}{70}+\frac{(65-70)^2}{70}+\frac{(25-30)^2}{30}+\frac{(35-30)^2}{30}=2.38$$

列联系数 $c=\sqrt{\dfrac{\chi^2}{\chi^2+N}}=\sqrt{\dfrac{2.38}{2.38+200}}=\sqrt{0.01176}=0.11$

3. V 相关系数

从 φ 系数和 c 系数的计算公式看，前者的取值无上限，后者的取值小于 1。鉴于此，克莱默（G. Cramer）提出了 V 相关系数，其计算公式为

$$V=\sqrt{\frac{\chi^2}{N\times\min[(R-1),(C-1)]}} \tag{6-7}$$

当两个变量相互独立时，V 等于 0；当两个变量完全相关时，V 等于 1，即 V 的值介于 0 和 1 之间。如果列联表中有一维为 2，则 V 值就等于 φ 值。

三、定序数据的相关分析

定序数据与定类数据相似，都属于定性数据，是指无法用精确的数量刻画事物特征，只能以顺序、等级对事物进行排列的数据。

Spearman 等级相关系数常用来描述两个定序变量之间的相关程度，其计算公式为

$$r=1-\frac{6\sum_{i=1}^{N}d_i^2}{g(g^2-1)} \tag{6-8}$$

式 6-8 中,r——Spearman 等级相关系数;

d_i——两个等级变量在第 i 个等级上的等级级数之差;

g——等级的个数。

如果两个等级变量之间完全相关,则 r 等于 1 或 −1;如果两个等级变量之间完全不相关,则 r 等于 0;一般情况下,r 的取值介于 −1 和 1 之间。

例如,某地 10 个乡肝癌死亡率(1/10 万人)与某种食物中黄曲霉毒素相对含量的数据如表 6-9 所示。

表 6-9　某地 10 个乡肝癌死亡率与某种食物中黄曲霉相对含量数据

乡编号	黄曲霉毒素含量		死亡率		d	d^2
	x	R_x	y	R_y		
1	0.7	1	21.5	3	−2	4
2	1	2	18.9	2	0	0
3	1.7	3	14.4	1	2	4
4	3.7	4	46.5	7	−3	9
5	4	5	27.3	4	1	1
6	5.1	6	64.6	9	−3	9
7	5.5	7	46.3	6	1	1
8	5.7	8	34.2	5	3	9
9	5.9	9	77.6	10	−1	1
10	10	10	55.1	8	2	4
合　计	55	—	—	55		42

根据 Spearman 等级相关系数的计算公式有

$$r = 1 - \frac{6\sum_{i=1}^{N}d_i^2}{g(g^2-1)} = 1 - \frac{6 \times 42}{10 \times (10^2-1)} = 0.75$$

第三节　回归分析

一、回归分析的概念及作用

相关分析只是研究变量之间的相关方向和相关程度,无法指出变量间相互关系的具体形式和一个变量的变化推测另一个变量的变化情况,不能说明变量之间因果的数量关系。如果要根据相关系数来估计和预测因变量的数值,则需要用到回归分析。

回归分析是对具有相关关系的变量之间数量变化的关系进行度量,确定具体的数学表达式,以便于进行估计或预测的统计方法。回归分析主要有以下几个方面的作用。

（1）从样本数据出发,确定变量之间具体的回归方程。

（2）用统计指标来说明回归方程对观测值的拟合度,对影响因变量的诸多因素进行各种统计检验,找出哪些因素的影响是显著的。

（3）利用回归方程,通过一个或几个自变量的取值来预测因变量的取值,并给出这种估计的可信程度。

二、直线回归

（一）一元线性回归

在进行回归分析时,首先必须根据研究目的的需要,确定哪个是自变量,哪个是因变量。在回归分析中,被解释或被预测的那个变量称为因变量,用来解释或预测因变量的一个或多个变量称为自变量。例如,在商业活动中,需要分析广告费支出与销售量之间的关系,进而通过广告费支出来预测销售量,那么这里的广告费支出就是自变量,销售量就是因变量。

可以用线性方程来表示两个具有线性关系的两个变量之间的数量关系,该线性方程也称为一元线性回归方程。只涉及一个自变量的一元线性回归方程,又称简单直线回归方程,其基本形式为

$$y_c = a + bx \tag{6-9}$$

式 6-9 中,a——截距项;

b——回归系数。

a,b 为待定参数,估计这些参数的方法很多,其中最为常用的就是最小二乘法,也称为最小平方法,利用此方法估计的参数是最优的,即回归线是原始资料的最适合线。

根据最小二乘法,使 $\sum(y-y_c)^2 = \sum(y-a-bx)^2$ 最小。令 $Q = \sum(y-y_c)^2$,在给定样本数据后,Q 是 a 和 b 的函数。对 Q 分别求关于 a 和 b 的偏导数,并令其等于 0,即

$$\begin{cases} \dfrac{\partial Q}{\partial a} = -2\sum(y-a-bx) = 0 \\ \dfrac{\partial Q}{\partial b} = -2\sum x(y-a-bx) = 0 \end{cases}$$

联立上述方程组,可解出 a 和 b,即

$$\begin{cases} b = \dfrac{n\sum xy - \sum x \sum y}{n\sum x^2 - (\sum x)^2} \\ a = \bar{y} - b\bar{x} \end{cases}$$

我们可以利用这两个公式计算 a 和 b 的值,得到 y 对 x 的回归方程为 $y_c = a + bx$。此外,如果有相应的资料,还可以用以下公式计算 a 和 b 的值。

$$b = \frac{\sum (x - \bar{x})(y - \bar{y})}{\sum (x - \bar{x})^2} \tag{6-10}$$

$$a = \bar{y} - b\bar{x} \tag{6-11}$$

例如，从某中学的学生中随机抽取的 12 名男生的身高（厘米）和每周跑步时间（分钟）的数据如表 6-10 所示。

表 6-10　某中学随机抽取的 12 名男生的身高和每周跑步时间数据

序　号	跑步时间（分钟）x	身高（厘米）y	x^2	y^2	xy
1	70	155	4900	24025	10850
2	63	150	3969	22500	9450
3	72	180	5184	32400	12960
4	60	135	3600	18225	8100
5	66	156	4356	24336	10296
6	70	168	4900	28224	11760
7	74	178	5476	31684	13172
8	65	160	4225	25600	10400
9	62	132	3844	17424	8184
10	67	145	4489	21025	9715
11	65	139	4225	19321	9035
12	68	152	4624	23104	10336
合　计	802	1850	53792	287868	124258

根据表 6-10 的资料，可计算得

$$\bar{x} = \frac{\sum x}{n} = 66.83, \bar{y} = \frac{\sum y}{n} = 154.17,$$

$$b = \frac{n\sum xy - \sum x \sum y}{n\sum x^2 - (\sum x)^2} = \frac{12 \times 124258 - 802 \times 1850}{12 \times 53792 - 802^2} = 3.22,$$

$$a = \bar{y} - b\bar{x} = 154.17 - 3.22 \times 66.83 = -60.75$$

则回归方程为

$$y_c = -60.75 + 3.22x$$

（二）多元线性回归

在许多实际问题中，影响因变量的因素不止一个，这种多个自变量一个因变量的回归问题就属于多元回归，如果因变量与自变量之间为线性关系时，则称为多元线性回归。多元线性回归的思路与一元线性回归类似，只不过在计算上复杂些。

为便于理解，我们先介绍二元线性回归，即在回归方程中有一个因变量和两个自变量的情形，二元线性回归方程的基本形式为

$$y_c = a + b_1 x_1 + b_2 x_2 \tag{6-12}$$

式 6-12 中，a、b_1、b_2——待定参数。

同样采用最小二乘法，即使得 $Q = \sum(y - y_c)^2 = \sum(y - a - b_1 x_1 - b_2 x_2)^2$ 最小。对 Q 关于 a、b_1、b_2 求偏导数，可以得到求解 a、b、c 的方程组为

$$
\begin{cases}
\dfrac{\partial Q}{\partial a} = -2\sum(y - a - b_1 x_1 - b_2 x_2) = 0 \\[2mm]
\dfrac{\partial Q}{\partial b_1} = -2\sum x_1(y - a - b_1 x_1 - b_2 x_2) = 0 \\[2mm]
\dfrac{\partial Q}{\partial b_2} = -2\sum x_2(y - a - b_1 x_1 - b_2 x_2) = 0
\end{cases}
$$

例如，12 名大学生的统计学成绩 y、数学成绩 x_1、每周的学习时间（小时）x_2 的有关数据如表 6-11 所示。

表 6-11　12 名大学生统计学成绩、数学成绩和每周学习时间的数据及二元线性回归

序　号	统计学（分）y	数学（分）x_1	学习时间（小时）x_2	y^2	x_1^2	x_2^2	$x_1 y$	$x_2 y$	$x_1 x_2$
1	64	57	8	4096	3249	64	3648	512	456
2	71	59	10	5041	3481	100	4189	710	590
3	53	49	6	2809	2401	36	2597	318	294
4	67	62	11	4489	3844	121	4154	737	682
5	55	51	8	3025	2601	64	2805	440	408
6	58	50	7	3364	2500	49	2900	406	350
7	77	55	10	5929	3025	100	4235	770	550
8	57	48	9	3249	2304	81	2736	513	432
9	56	52	10	3136	2704	100	2912	560	520
10	51	42	6	2601	1764	36	2142	306	252
11	76	61	12	5776	3721	144	4636	912	732
12	68	57	9	4624	3249	81	3876	612	513
合　计	753	643	106	48139	34843	976	40830	6796	5779

根据表 6-11 的资料，可以得到

$$\sum x_1 y = 40830,\ \sum x_2 y = 6796,\ \sum x_1 x_2 = 5779,$$

$$\sum x_1^2 = 34843,\ \sum x_2^2 = 976$$

将其代入求解参数联立方程组：

$$
\begin{cases}
753 = 12a + 643 b_1 + 106 b_2 \\
40830 = 643a + 34843 b_1 + 5779 b_2 \\
6796 = 106a + 5779 b_1 + 976 b_2
\end{cases}
$$

解得
$$
\begin{cases}
a = 3.65 \\
b_1 = 0.85 \\
b_2 = 1.51
\end{cases}
$$

所以回归方程为

$$y_c = 3.65 + 0.85x_1 + 1.51x_2$$

二元线性回归方程的参数估计方法可推广至多个变量的情况,设因变量 y 受 k 个自变量 $x_1, x_2, \cdots, x_k$ 的影响,多元线性回归方程的一般形式可表示为

$$y_c = a + b_1x_1 + b_2x_2 + \cdots + b_kx_k \qquad (6\text{-}13)$$

式 6-13 中, $b_1, b_2, \cdots, b_k$ ——待估参数。

这些参数仍然利用最小二乘法求解,即使得 $Q = \sum(y-y_c)^2 = \sum(y-a-b_1x_1-b_2x_2-\cdots-b_kx_k)^2$ 最小。由此可得到求解 $b_1, b_2, \cdots, b_k$ 的方程组为

$$\begin{cases} \dfrac{\partial Q}{\partial a} = -2\sum(y-a-b_1x_1-b_2x_2-\cdots-b_kx_k) = 0 \\ \dfrac{\partial Q}{\partial b_k} = -2\sum x_i(y-a-b_1x_1-b_2x_2-\cdots-b_kx_k) = 0, i = 1,2,\cdots,n \end{cases}$$

对于上述方程组的求解可借助计算机实现。

三、曲线回归

在对经济变量进行回归分析时,常遇到因变量与自变量之间的关系并非是线性的,而是曲线的情况。通常的做法是,先通过数学变换将非线性模型转换成线性模型,再用处理线性模型的方法即可。

例如,模型为指数型

$$y_c = ab^x$$

对方程的两边同时去对数,可得到

$$\lg y_c = \lg a + (\lg b)x$$

令 $y_c^* = \lg y_c, A = \lg a, B = \lg b$

则指数型模型可化为一元线性模型

$$y_c^* = A + Bx$$

又如,模型为高次方程形式

$$y_c = a + bx + cx^2 + dx^3 + \cdots$$

令 $x_1 = x, x_2 = x^2, x_3 = x^3$,

则高次非线性方程可转化为多元线性方程

$$y_c = a + bx_1 + cx_2 + dx_3 + \cdots$$

例如,表 6-12 给出了给定气体随不同体积值 V 所对应的压强 P 的具体数据。由热力学定理可知, P 与 V 之间的关系式为 $PV^\gamma = C$,其中 γ 与 C 均为常数。

表 6-12　给定气体体积与压强

体积(立方厘米)V	54.3	61.8	72.4	88.7	118.6	194.0
压强(千克/平方厘米)P	61.2	49.2	37.6	28.4	19.2	10.1

由 $PV^\gamma = C$，对其两边分别取对数，则有

$$\lg P + \gamma \lg V = \lg C$$

令 $\lg P = y, \lg V = x$，则上述方程可转化为

$$y_c = a + bx$$

其中，$a = \lg C, b = -\gamma$。表 6-13 列出了 $x = \lg V$ 和 $y = \lg P$ 的数据。

表 6-13 曲线回归的计算

序　号	$x = \lg V$	$y = \lg P$	x^2	y^2	xy
1	1.73	1.79	3.01	3.19	3.10
2	1.79	1.69	3.21	2.86	3.03
3	1.86	1.58	3.46	2.48	2.93
4	1.95	1.45	3.79	2.11	2.83
5	2.07	1.28	4.30	1.65	2.66
6	2.29	1.00	5.23	1.01	2.30
合　计	11.70	8.79	23.01	13.30	16.85

根据上述资料，可得到 $\bar{x} = \dfrac{\sum x}{n} = 1.95, \bar{y} = \dfrac{\sum y}{n} = 1.47$，

$$\sum x^2 = 23.01, \sum y^2 = 13.30, \sum xy = 16.85$$

则有：$b = \dfrac{n\sum xy - \sum x \sum y}{n \sum x^2 - (\sum x)^2} = \dfrac{6 \times 16.85 - 11.70 \times 8.79}{6 \times 23.01 - 11.70^2} = -1.40$，

$$a = \bar{y} - b\bar{x} = 1.47 - (-1.40) \times 1.95 = 4.20$$

回归方程为

$$y_c = 4.20 - 1.40x$$

又因为 $a = \lg C = 4.20, b = -\gamma = -1.40$，故 $C = 1.6 \times 10^4, \gamma = 1.40$。

所以，P 与 V 之间的方程为

$$PV^{1.40} = 16000$$

第四节　回归模型的检验

一、拟合优度检验

回归方程 $y_c = a + b_1 x_1 + b_2 x_2 + \cdots + b_k x_k$ 在一定程度上描述了自变量与因变量的数量关系，通过该方程可根据自变量的取值来预测或估计因变量的取值。预测或估计的精度与回归方程对观测值的拟合程度相关，回归方程与各观测点的接近程度称为回归方程对数据

的拟合优度。

（一）拟合优度

拟合优度又称可决系数，是衡量线性回归模型对样本数据拟合程度的指标，记为 R^2。在给出拟合优度的计算公式之前，先来看与其相关的三个概念：总平方和、回归平方和、残差平方和。因变量 y 的每个实际观测值与其平均数 $\bar{y}$ 之差称为离差，用 $y - \bar{y}$ 表示，所有这些离差的平方和称为总离差，也称为总平方和。每个观测点的离差可以分解为

$$y - \bar{y} = (y - y_c) + (y_c - \bar{y}) \tag{6-14}$$

将上式两边分别平方，并对所有样本值求和，则有

$$\sum (y_i - \bar{y})^2 = \sum (y_i - y_c)^2 + \sum (y_c - \bar{y})^2 + 2\sum (y_i - y_c)(y_c - \bar{y})$$

容易证明，$\sum (y_i - y_c)(y_c - \bar{y}) = 0$。因而，有

$$\sum (y_i - \bar{y})^2 = \sum (y_i - y_c)^2 + \sum (y_c - \bar{y})^2 \tag{6-15}$$

式 6-15 中，$\sum (y_i - \bar{y})^2$ —— 总平方和 SST；

$\quad\quad\quad\quad\;\; \sum (y_c - \bar{y})^2$ —— 回归平方和 SSR；

$\quad\quad\quad\quad\;\; \sum (y_i - y_c)^2$ —— 残差平方和 SSE。

可以看出，总平方和可分解为回归平和与残差平方和两部分，即

$$SST = SSR + SSE \tag{6-16}$$

式 6-16 中，回归平方和 SSR 反映了 y 的总离差中由 x 与 y 之间的线性关系引起 y 发生变化的部分，也即由回归直线解释 y 的离差的那部分；残差平方和是除了 x 与 y 之间线性关系之外的其他因素引起 y 变化的部分，它是不能由回归直线来解释 y 变化的部分，或者说是由随机因素引起 y 变化的部分。

从总平方和的分解公式来看，回归直线对数据拟合的好坏取决于 SSR 与 SST 的相对大小，如果总平方和中由回归平方和贡献得越多，则回归直线拟合得越好。因此，用回归平方和占总平方和的比重来定义拟合优度，记为 R^2，其计算公式为

$$R^2 = \frac{SSR}{SST} = \frac{\sum (y_c - \bar{y})^2}{\sum (y_i - \bar{y})^2} \tag{6-17}$$

拟合优度 R^2 测度了回归直线对数据的拟合程度。如果所有观测点都落在直线上，则残差平方和 SSE 等于 0，R^2 等于 1，说明回归直线完全拟合数据；如果因变量与自变量相互独立，因变量的变化完全由随机因素决定，此时 R^2 等于 0。可知，R^2 的取值介于 0 和 1 之间，即 $0 < R^2 < 1$。R^2 的取值越接近 1，说明回归直线的拟合效果越好。

在一元线性回归中，拟合优度的平方根实际上就是相关系数。该结论表明，拟合优度可由相关系数直接计算得到，而且相关系数从另一角度说明了回归直线的拟合程度，即相关系数的绝对值越接近 1，则直线对数据的拟合程度越好，相关系数的绝对值越接近 0，则直线对数据的拟合程度越差。

如果向回归方程中增加解释变量，则 R^2 的值只增不减，为此，可通过调整自由度对解释变量过多进行惩罚，即使用校正拟合优度来衡量回归直线对数据的拟合程度。校正拟合优度，记为 $\bar{R}^2$，其计算公式为

$$\bar{R}^2 = 1 - \frac{\sum (y_i - y_c)^2 / (n - k - 1)}{\sum (y_i - \bar{y})^2 / (n - 1)} \tag{6-18}$$

$\bar{R}^2$ 的一个缺点是其值可能为负。无论 R^2 还是 $\bar{R}^2$，它们仅仅是用来反映回归模型对数据的拟合程度，并无更多其他意义，因此，在使用拟合优度指标时，只是将其作为评价模型的指标之一，并非是判断模型优劣的唯一标准。

例如，仍以表 6-10 中的数据为例，一元线性回归方程的拟合优度的计算过程如表 6-14 所示。

表 6-14　一元线性回归方程的拟合优度检验

序　号	跑步时间(分钟)x	身高(厘米)y	y_c	$(y_c - \bar{y})^2$	$(y_i - \bar{y})^2$
1	70	155	164.65	109.90	0.69
2	63	150	142.11	145.36	17.36
3	72	180	171.09	286.40	667.36
4	60	135	132.45	471.61	367.36
5	66	156	151.77	5.74	3.36
6	70	168	164.65	109.90	191.36
7	74	178	177.53	545.85	568.03
8	65	160	148.55	31.55	34.03
9	62	132	138.89	233.38	491.36
10	67	145	154.99	0.68	84.03
11	65	139	148.55	31.55	230.03
12	68	152	158.21	16.35	4.69
合　计	802	1850	—	1988.26	2659.67

从表 6-14 的计算结果可知，$SSR = 1988.26$，$SST = 2659.67$，$SSE = SST - SSR = 671.40$，则根据拟合优度的计算公式，有

$$R^2 = \frac{SSR}{SST} = \frac{1988.26}{2659.67} = 0.748$$

又如，仍以表 6-11 的数据为例来展示多元线性回归方程的拟合优度的计算过程，如表 6-15 所示。

表 6-15　多元线性回归方程的拟合优度检验

序　号	统计学(分)y	数学(分)x_1	学习时间(小时)x_2	y_c	$(y_c - \bar{y})^2$	$(y - \bar{y})^2$
1	64	57	8	64.18	0.03	1.56
2	71	59	10	68.9	4.41	68.06
3	53	49	6	54.36	1.85	95.06

序　　号	统计学(分)y	数学(分)x_1	学习时间(小时)x_2	y_c	$(y_c - \bar{y})^2$	$(y - \bar{y})^2$
4	67	62	11	72.96	35.52	18.06
5	55	51	8	59.08	16.65	60.06
6	58	50	7	56.72	1.64	22.56
7	77	55	10	65.5	132.25	203.06
8	57	48	9	58.04	1.08	33.06
9	56	52	10	62.95	48.30	45.56
10	51	42	6	48.41	6.71	138.06
11	76	61	12	73.62	5.66	175.56
12	68	57	9	65.69	5.34	27.56
合　　计	753	643	106	—	259.44	888.25

从表 6-15 的计算结果可知，$SSE = 259.44$，$SST = 888.25$，$SSR = 628.81$，对于多元线性回归方程，可得校正的拟合优度为

$$\bar{R}^2 = 1 - \frac{\sum (y_i - y_c)^2 / (n - k - 1)}{\sum (y_i - \bar{y})^2 / (n - 1)} = 1 - \frac{259.44 / (12 - 1 - 1)}{888.25 / (12 - 1)} = 0.678$$

(二)估计标准误差

线性回归是在线性相关的条件下，反映变量之间的数量关系。根据线性回归方程，给定自变量的取值，可以预测或估计因变量的数值。然而，通过估计或预测得到的因变量的值是不精确的，与实际值存在差异。那么，如何来衡量回归方程的精确程度呢？

估计标准误差就是常用来说明回归方程推算结果的精确程度的统计分析指标，或者说是度量各实际观测点在直线周围的散布状况的一个统计量，用 s_e 表示，以一元线性回归方程为例，其估计标准误差的计算公式为

$$s_e = \sqrt{\frac{\sum (y - y_c)^2}{n - 2}} \tag{6-19}$$

式 6-19 中，s_e——估计标准误差；

$\quad\quad\quad y$——因变量的实际观测值；

$\quad\quad\quad y_c$——根据回归方程估计或预测的因变量的数值。

将一元线性回归方程的估计标准误的形式推广至多元线性回归方程的情况，估计标准误的计算公式也相应地变为

$$s_e = \sqrt{\frac{\sum (y - y_c)^2}{n - k - 1}} \tag{6-20}$$

式 6-20 中，k——自变量的个数。

例如，根据表 6-14 的资料，一元回归方程的标准误差为

$$s_e = \sqrt{\frac{\sum (y - y_c)^2}{n-2}} = \sqrt{\frac{2659.67 - 1988.26}{12-2}} = 8.19$$

根据表 6-15 的资料,多元回归方程的标准误差为

$$s_e = \sqrt{\frac{\sum (y - y_c)^2}{n-k-1}} = \sqrt{\frac{259.44}{12-3}} = 5.37$$

从估计标准误差的实际意义来看,它度量了用估计的回归方程推算因变量时产生的误差的大小。各观测点越集中地分布在直线周围,估计标准误差就越小,回归直线对观测点的代表性也就越好,利用回归方程进行预测的结果也越精确。这从估计标准误差的角度再次说明直线的拟合程度。

二、显著性检验

回归分析的主要目的在于利用估计的回归方程来预测因变量的数值,在求出回归方程后还不能够直接进行预测,因为回归方程的具体数学表达式是利用样本数据估计得到的,它是否在总体范围内仍然成立,则需要进行显著性检验。

回归分析中的显著性检验主要包括回归模型线性关系的检验和回归系数的检验两种。

(一)一元线性回归模型的显著性检验

1. 回归模型线性关系的检验

回归模型线性关系的检验是对自变量和因变量之间的线性关系是否显著进行检验,其基本思路是首先以回归平方和 SSR 与残差平方和 SSE 为基础构造用于检验的统计量,然后再进行假设检验。其线性相关检验的步骤具体如下。

第一步,提出假设。$H_0: b=0$,即自变量和因变量之间的线性相关性不显著。

第二步,计算检验统计量 F。

$$F = \frac{SSR/1}{SSE/(n-2)}$$

第三步,做出决策。确定显著性水平,根据分子自由度(等于 1)和分母自由度(等于 $n-2$)查 F 分布表,找到相应的临界值 F_a。如果 $F > F_a$,拒绝 H_0,说明自变量和因变量之间的线性关系在统计上是显著的;如果 $F < F_a$,不拒绝 H_0,不能说明自变量和因变量之间的线性关系是显著的。

例如,根据表 6-14 的计算结果,检验身高与跑步时间之间线性关系的显著性($\alpha = 0.05$)。

第一步,提出假设。$H_0: b=0$ 身高与跑步时间之间的线性关系不显著。

第二步,计算检验统计量 F。

$$F = \frac{SSR/1}{SSE/(n-2)} = \frac{1988.26/1}{671.40/(12-2)} = 35.54$$

第三步,做出决策。根据给定的显著性水平 $\alpha = 0.05$,分子自由度为 1,分母自由度为

10，通过查 F 分布表，相应的临界 $F_\alpha=4.96$。由于 $F>F_\alpha$，则拒绝原假设 H_0，认为身高与跑步时间之间的线性关系是显著的。

2. 回归系数的检验

回归系数的检验是要检验自变量对因变量的影响是否显著。在一元线性回归中，利用样本数据估计得到的回归系数的含义在总体范围内是否同样成立，仍然需要进行显著性检验。回归系数检验的具体步骤如下。

第一步，提出假设。$H_0:b=0$；$H_1:b\neq0$。

第二步，计算检验统计量 t。

$$t=\frac{\hat{\beta}}{s_{\hat{\beta}}}$$

其中，$s_{\hat{\beta}}=\dfrac{s_e}{\sqrt{\sum x_i^2-\dfrac{1}{n}(\sum x_i)^2}}$

第三步，做出决策。确定显著性水平，并根据自由度（等于 $n-2$）查 t 分布，找到相应的临界值 $t_{\frac{\alpha}{2}}$。如果，则拒绝 H_0，说明自变量对因变量的影响是显著的；如果 $|t|<t_{\frac{\alpha}{2}}$，则不能拒绝 H_0，说明没有证据表明自变量对因变量有显著影响。

例如，以表 6-14 中的资料为例，检验回归系数的显著性（$\alpha=0.05$）。

第一步，提出假设。$H_0:\beta=0$；$H_1:\beta\neq0$。

第二步，计算检验统计量 t。

$$t=\frac{\hat{\beta}}{s_{\hat{\beta}}}=\frac{3.22}{0.59}=5.44$$

第三步，做出决策。根据给定的显著性水平 $\alpha=0.05$，自由度 $=n-2=10$，查 t 分布表，得 $t_{\frac{\alpha}{2}}=t_{0.025}=2.228$。由于 $t=5.44>t_{0.025}=2.228$，故拒绝原假设 H_0。

（二）多元线性回归模型的显著性检验

1. 回归模型线性关系的检验

多元回归模型线性关系的检验是对因变量与 k 个自变量之间的线性关系是否显著进行检验，也称为总体显著性检验。其检验的具体步骤如下。

第一步，提出假设。$H_0:b_1=b_2=\cdots=b_k=0$；$H_1:b_1,b_2,\cdots,b_k$ 至少有一个不等于 0。

第二步，计算检验的统计量 F。

$$F=\frac{SSR/k}{SSE/(n-k-1)}\sim F(k,n-k-1)$$

第三步，做出决策。确定显著性水平 α，根据分子自由度（等于 k）和分母自由度（等于 $n-k-1$）查 F 分布表，找到相应的临界值 F_α。如果 $F>F_\alpha$，拒绝 H_0，说明 k 个自变量和因变量之间的线性关系在统计上是显著的；如果 $F<F_\alpha$，不拒绝 H_0，不能说明 k 个自变量和因变量之间的线性关系是显著的。

例如，根据表 6-15 的计算结果，对回归方程的线性关系进行显著性检验（$\alpha=0.05$）。

第一步，提出假设。$H_0:\beta_1=\beta_2=0$；$H_1:\beta_1,\beta_2$ 中至少有一个等于 0。

第二步，计算检验统计量 F。

$$F=\frac{SSR/k}{SSE/(n-k-1)}=\frac{628.81/2}{259.44/(12-2-1)}=10.91$$

第三步，做出统计决策。在给定显著性水平 $\alpha=0.05$ 下，根据分子自由度＝2，分母自由度＝12－2－1＝9，查 F 分布表得 $F_\alpha(2,9)=4.26$。由于 $F=10.91>F_\alpha(2,9)=4.26$，故拒绝原假设 H_0，认为统计学成绩与数学成绩、学习时间之间的线性关系是显著的。

2.回归系数的检验

当回归模型通过线性关系检验后，可以对回归系数进行显著性检验。其具体的检验步骤如下。

第一步，提出假设。$H_0:\beta_i=0$；$H_1:\beta_i=0$。

第二步，计算检验的统计量 t。

$$t_i=\frac{\hat{\beta}_1}{s_{\hat{\beta}_1}}\sim t(n-k-1)$$

上式中，$s_{\hat{\beta}_1}=\dfrac{s_e}{\sqrt{\sum x_i^2-\dfrac{1}{n}(\sum x_i)^2}}$

第三步，做出统计决策。确定显著性水平，并根据自由度（等于 $n-k-1$）查 t 分布，找到相应的临界值 $t_{\frac{\alpha}{2}}$。如果 $|t|>t_{\frac{\alpha}{2}}$，则拒绝 H_0；如果 $|t|<t_{\frac{\alpha}{2}}$，则不能拒绝 H_0。

例如，根据表 6-15 中的相关资料，对回归方程中各回归系数的显著性进行检验（$\alpha=0.05$）。

第一步，提出假设。对任意参数 $\beta_i(i=1,2)$，有 $H_0:\beta_i=0$；$H_1:\beta_i\neq0$。

第二步，计算检验的统计量 t。

$$t_i=\frac{\hat{\beta}_i}{s_{\hat{\beta}_i}}$$

因而 $t_1=\dfrac{\hat{\beta}_1}{s_{\hat{\beta}_1}}=\dfrac{0.85}{0.27}=3.12$，$t_2=\dfrac{\hat{\beta}_2}{s_{\hat{\beta}_2}}=\dfrac{1.51}{0.85}=1.77$。

第三步，做出决统计策。在给定显著性水平 $\alpha=0.05$ 下，根据自由度＝$n-k-1=12-2-1=9$，通过查 t 分布表，得 $t_{\frac{\alpha}{2}}=t_{0.025}=2.262$。这里，$\beta_1$ 通过了检验，β_2 没有通过检验，说明在影响统计学成绩的因素中，数学成绩的影响是显著的，而学习时间对统计学成绩的影响不显著。

第五节　用 Excel 进行数据分析：相关分析和回归分析

一、案例分析

我国 1996—2015 年的国内生产总值和全社会固定资产投资数据如表 6-16 所示，现分析国内生产总值与固定资产投资之间的关系。

表 6-16   我国国内生产总值和全社会固定资产投资(1996—2015 年)

年　份	国内生产总值(亿元)	全社会固定资产投资(亿元)
1996	71813.6	22913.5
1997	79715.0	24941.1
1998	85195.5	28406.2
1999	90564.4	29854.7
2000	100280.1	32917.7
2001	110863.1	37213.5
2002	121717.4	43499.9
2003	137422.0	55566.6
2004	161840.2	70477.4
2005	187318.9	88773.6
2006	219438.5	109998.2
2007	270232.3	137323.9
2008	319515.5	172828.4
2009	349081.4	224598.8
2010	401513.0	251683.8
2011	473104.0	311485.1
2012	519470.0	374694.7
2013	595244.4	446294.1
2014	635910.0	512020.7
2015	689052.0	561999.8

资料来源:国家统计局网站,http://www.stats.gov.cn/。

二、相关分析

(一)绘制散点图

散点图是用来反映当横轴数据变动时,纵轴数据的相应变化程度。横轴数据表示自变量,纵轴数据表示因变量。通过散点图可以直观反映自变量与因变量之间的相关程度。

散点图的具体绘制过程如下。

首先,选定要用于创建散点图的表格数据区域,然后单击"插入",再选择"图表"中的"散点图"选项,如图 6-2 所示。

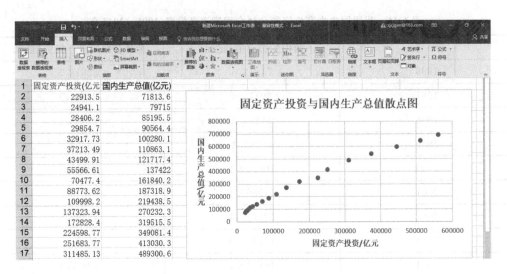

图 6-2 固定资产投资与国内生产总值之间的散点图创建

(二)计算相关系数

具体的操作步骤如下。

首先,单击"数据",然后选择"数据分析",再在弹出的"数据分析"对话框中选择"相关系数",如图 6-3 所示。

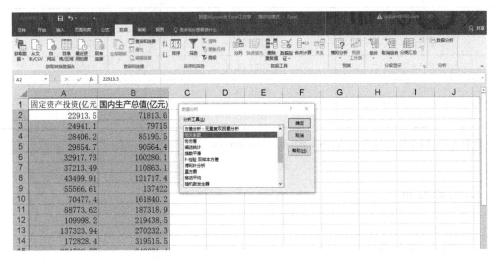

图 6-3 数据分析——相关系数

其次，单击"确定"按钮，在弹出的"相关系数"对话框中进行设置，如图 6-4 所示。

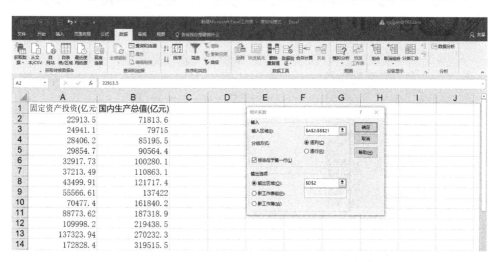

图 6-4　"相关系数"对话框

然后，单击"确定"按钮，在指定的区域内生成了一个矩阵，其中的数字就是相关系数，如图 6-5 所示。

图 6-5　固定资产投资与国内生产总值之间的相关系数

（三）回归分析

（1）选中数据，然后单击"数据"，再然后选择"数据分析"，再在弹出的"数据分析"对话框中选择"回归"，如图 6-6 所示。

（2）单击"确定"按钮，在弹出的对话框中，进行输入和输出设置。本例中的 Y 对应国内生产总值，X 对应固定资产投资，如图 6-7 所示。

（3）输出结果。单击"确定"按钮，可得到输出结果，如图 6-8 所示。

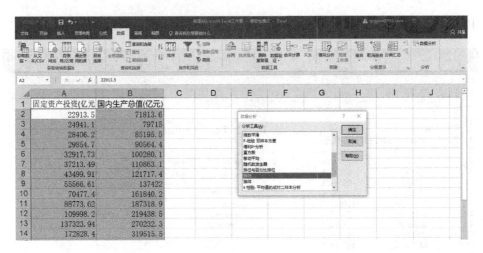

图 6-6　数据分析——回归

图 6-7　输入、输出选项设置

SUMMARY OUTPUT							
回归统计							
Multiple R	0.99168						
R Square	0.98342						
Adjusted R	0.98245						
标准误差	27526.2						
观测值	19						
方差分析							
	df	SS	MS	F	ignificance F		
回归分析	1	7.6E+11	7.6E+11	1008.63	1.4E-16		
残差	17	1.3E+10	7.6E+08				
总计	18	7.8E+11					
	Coefficients	标准误差	t Stat	P-value	Lower 95%	Upper 95%	下限 95.0%	上限 95.0%
Intercept	79195.1	9275.4	8.53819	1.5E-07	59625.8	98764.5	59625.8	98764.5
22913.5	1.16641	0.03673	31.7589	1.4E-16	1.08892	1.2439	1.08892	1.2439

图 6-8　输出结果

得到 Y（国内生产总值）与 X（固定资产投资）之间的回归方程为

$$Y = 1.166X + 79195.1$$

从输出的模型结果看，$R^2 = 0.99168$，说明模型对数据拟合得很好。

习题 ✍

第七章
统计指数

课件

第一节　统计指数的概念

一、指数的概念

统计指数简称指数,它起源于对物价变动的研究。早在 1675 年英国经济学家沃恩(R. Vaughan)在《铸货币及其货币铸造论》中,就以谷物、家畜、鱼类、布帛、皮革等当时的重要商品为样本,将 1650 年的价格与 1352 年的价格作比较来考查商品价格的变动情况,这是统计指数的萌芽。此后 300 多年间,指数的理论不断发展,应用范围逐步扩展到社会生活的各个领域。其中有些指数,如消费品价格指数、生活费用价格指数等,同人们的日常生活休戚相关;有些指数,如生产资料价格指数、股票价格指数等,则直接影响人们的投资活动,成为社会经济的晴雨表。

指数的概念有广义和狭义两种理解。广义指数是泛指社会经济现象数量变动的比较指标,即用来表明同类现象在不同空间、不同时间、实际与计划对比变动情况的相对数。例如,在现实中,人们往往会关心"现在的物价比过去上升还是下降了? 收入增加了还是减少了? 一元人民币相当于多少美元? 空气质量变好了还是变差了? 生活质量提高了还是下降了?"等问题。要回答这些问题,就必须把事物在时间、空间上对比的某一个尺度反映出来,这就是统计指数。广义指数可以指一切用来说明同类事物或现象发展变化程度的相对数。

狭义指数仅指反映不能直接相加的复杂社会经济现象在数量上综合变动情况的相对数。例如,要说明一个国家或一个地区商品价格综合变动情况,由于各种商品的经济用途、规格、型号、计量单位等不同,不能直接将各种商品的价格简单对比,而要解决这种复杂经济总体各要素相加问题,就要编制统计指数综合反映它们的变动情况。譬如,国家统计局发布的 2016 年统计公报中提到:全年居民消费价格比上年上涨 2.0%,工业生产者出厂价格下降 1.4％,工业生产者购进价格下降 2.0％,固定资产投资价格下降 0.6％,农产品生产者价格上涨 3.4％。这些数据加上 100％就是相应的价格指数。

指数作为一种对比性的统计指标具有相对数的形式,通常表现为百分数。它表明若把作为对比基准的水平(基数)视为 100,则所要考察的现象水平相当于基数的多少。譬如,已知某年全国的零售物价指数为 103％,这就表示若将基期年份(通常为上年)的一般价格水平看成是 100％,则当年全国的价格水平就相当于基年的 103％,或者说,当年的价格上涨了 3％。

从对比性质来看,指数通常是不同时间的现象水平的对比,它表明现象在时间上的变动情况(动态)。此外,指数还可以是不同空间(如不同国家、地区、部门、企业等)的现象水平的对比,或者是现象的实际水平与计划(规划或目标)水平的对比,这些可以看成是动态对比指数方法的拓展。可见,指数在经济分析上具有十分广阔的应用领域。

二、指数的分类

指数的种类很多,从不同的角度出发对指数分类,可以得到不同的指数类别。常用的分类有以下几种。

(一)按其反映对象范围的不同分为个体指数和总指数

个体指数是指说明总体中单个事物或单个项目数量变动的相对数,也就是一般的相对数或广义的指数,如空调的产量指数、小麦的价格指数、某种产品的产量计划完成指数等。

总指数是指多种要素构成的现象总体数量综合变动的相对指数,也就是狭义上的指数,例如工业总产量指数、商品零售物价总指数等。按计算方法的不同,总指数可以分为简单指数和加权指数两种。用个体指数的简单平均求得的总指数,称为简单指数。而加权指数则是赋予总体中各事物或各项目不同的权数,采用适当的加权方法计算出来的总指数。我们目前采用的主要是加权指数。按照编制方法的不同,总指数又分为综合指数和平均指数两种。综合指数是两个总量指标对比得到的指数,平均指数是用个体指数(或类指数)加权平均求得的指数。

(二)按其所表明的经济指标性质不同分为数量指标指数和质量指标指数

数量指标指数简称数量指数,是指根据数量指标编制的,反映现象的总体单位数、总规模等数量指标变动的相对数。例如商品销售量指数、工业产品产量指数等等。

质量指标指数简称质量指数,是指根据质量指标编制的,反映生产经营工作质量等质量指标变动的相对数。例如物价指数、工人劳动生产率指数、职工平均工资指数等。

(三)按其采用基期的不同分为定基指数和环比指数

在指数数列中,计算各个时期的指数时,如果都以某一个固定时期作为基期,这样计算的一系列指数就称为定基指数；如果各个指数都是以报告期的前一期作为基期，这样计算的一系列指数则称之为环比指数。

(四)按其对比内容的不同分为动态指数和静态指数

动态指数是指由两个不同时期的同类经济变量值对比形成的指数，说明现象在不同时间内发展变化的过程和程度。如工业产量指数、商品销售量指数、劳动生产率指数、成本指数及价格指数等，多属于动态指数。

静态指数包括空间指数和计划完成程度指数两种。空间指数(地域指数)是将不同空间(如不同国家、地区、部门、企业等)的同类现象总体的数量进行对比的相对数，反映现象在不同空间的差异程度。计划完成程度指数是由同一地区、单位的实际指标值与计划指标值对比而形成的指数，用于检查计划的执行情况或完成的程度。

第二节　综合指数

一、综合指数的概念及编制特点

(一)综合指数概念

综合指数是两个具有经济意义且紧密联系的总量指标相对比形成的指数。用来对比的两个总量指标中包含两个或两个以上的因素，其中一个因素就是我们要研究其变化程度的因素，称其为指数化因素，其他因素则是把不能直接相加的指数化因素转化为能直接相加的量的因素，称为同度量因素。

(二)编制特点

综合指数的基本编制特点是：先综合，后对比。

先综合就是通过引入同度量因素，使总体中不能直接加总的各事物或各项目的指数化因素过渡到可以相加总的综合性指标。由于同度量因素在指数的计算中起到权衡轻重的作用，所以也称为权数。例如要编制物价指数以反映商品价格的变动情况，就需要将不同商品的价格相加，得出反映不同时期价格总量的指标，然后加以对比，得出总指数。但由于不同商品的价格不能直接加总，或者说直接加总的结果没有实际经济含义，此时就需要引入同度量因素——销售量，把各商品的零售价格分别乘以相应的销售量，将价格转化成价值量指标——销售额，加总和对比的问题就得到了解决。同样，当编制销售量指数时，也先要把不能直接相加的不同商品的销售量，通过商品价格这个同度量因素转化为销售额这个能相加的量。要反映指数化因素的变动情况，同度量因素的时间或空间必须加以固定，这样得到的总指数才能反映所研究的指数化因素综合变动情况。至于如何固定同度量因素,则视具体情况而定。

后对比就是在得到可比的总量指标后,通过固定同度量因素的时间(或空间),选择两个合适的总量指标进行对比来得到所需的指数。在对比时,分子上的指数化因素属于报告期(或属于要考察的空间),分母上的指数化因素属于基期(或属于作为参照的空间)。

二、综合指数的分类

按其所表明的经济指标性质不同,综合指数分为数量指标综合指数和质量指标综合指数,这两种综合指数的编制与计算有不同的解决方法,下面分别加以介绍。

(一)数量指标综合指数

数量指标综合指数是说明现象总体在数量上变动情况的动态相对数。在计算数量指标综合指数时,应选择质量指标为同度量因素(即权数)。如计算产品产量综合指数、商品的销售量综合指数时,应以价格为同度量因素。同样,由于所选用的同度量因素的时期不同,产生了不同的数量指标综合指数计算公式。现以商品销售量总指数的编制为例来说明数量指标综合指数的编制原则与计算方法。

【例 7-1】 以商品销售量指数为例,假设某商场三种商品的价格和销售量资料如表 7-1所示。

表 7-1　某商场三种商品的价格和销售量

商品类别	计量单位	销售量		单价(万元)	
		基期(q_0)	报告期(q_1)	基期(p_0)	报告期(p_1)
Ⅰ	套	450	500	7.0	7.2
Ⅱ	件	500	520	3.5	3.6
Ⅲ	台	960	1200	5.0	4.5

若计算各种商品的个体销售量指数,可以直接利用每种商品报告期销售量和基期销售量进行对比。但若要计算三种商品销售量综合指数以反映销售量的综合变动情况,显然不能简单地加总比较,其方法如下。

(1)确定指数化指标,这里是销售量。

(2)确定同度量因素,这里是商品价格。把不能直接相加的三种商品的销售量,通过商品价格这个同度量因素转化为销售额这个能相加的量。

(3)将同度量因素(这里是商品价格)固定在同一时期,以单纯反映销售量的变动情况。由于作为同度量因素的商品价格既可以固定在基期,也可以固定在报告期。由此三种商品销售量指数有以下两种计算方法。

以基期的价格为同度量因素的销售量综合指数计算公式为

$$I_q = \frac{\sum q_1 p_0}{\sum q_0 p_0} \qquad (7\text{-}1)$$

式 7-1 是德国学者拉斯贝尔斯(E. Laspeyres)于 1864 年提出的,故又称为拉氏数量指标综合指数。根据表 7-1 资料,以基期的价格为同度量因素,求得拉氏销售量综合指数为

$$I_q = \frac{\sum q_1 p_1}{\sum q_0 p_0} = \frac{500 \times 7.0 + 520 \times 3.5 + 1200 \times 5.0}{450 \times 7.0 + 500 \times 3.5 + 960 \times 5.0} = \frac{11320}{9700} = 116.70\%$$

销售量的增长所引起的销售额的增加数额为

$$\sum q_1 p_0 - \sum q_0 p_0 = 1620 \text{(万元)}$$

计算结果表明,此三种商品的销售量总水平是上升的,报告期比基期增长了 16.70%,并因此增加了销售额 1620 万元。

以报告期的价格为同度量因素的销售量综合指数计算公式为

$$I_q = \frac{\sum q_1 p_1}{\sum q_0 p_1} \qquad (7\text{-}2)$$

式 7-2 是德国学者帕舍(H. Paasche)于 1874 年提出的,故这一指数又被称为帕氏数量指标综合指数。以报告期价格为同度量因素,求得帕氏销售量综合指数为

$$I_q = \frac{\sum q_1 p_1}{\sum q_0 p_1} = \frac{500 \times 7.2 + 520 \times 3.6 + 1200 \times 4.5}{450 \times 7.2 + 500 \times 3.6 + 960 \times 4.5} = 116.15\%$$

计算结果表明,此三种商品的销售量总水平是上升的,但拉氏销售量综合指数和帕氏销售量综合指数是不同的。拉氏销售量综合指数值大于帕氏销售量综合指数值。实际应用中,有时也会出现拉氏销售量综合指数值不大于甚至小于帕氏销售量综合指数值的情形。这主要是因为各种商品价格的增长比率与销售量增长比率具有相同趋势。既然涨价幅度大的商品购买量仍然增长较多,那么以报告期价格为权数计算的销售量综合指数自然要大于以基期价格为权数计算的销售量综合指数。

以上两种指数,从不同的角度说明现象数量的变动。以销售量为例,拉氏数量指标综合指数将价格固定在基期,说明的是在基期价格水平的情况下,销售量的综合变动;而帕氏数量指标综合指数将价格固定在报告期,说明的是在价格已经从基期水平变为报告期水平状态下,销售量的综合变动,这样计算的指数值包含了价格变动的影响。从理论上说,为了单纯反映数量的综合变动水平,应该选用拉氏数量指标综合指数,即把价格固定在基期较好。

（二）质量指标综合指数

质量指标综合指数是说明总体内涵质量水平变动情况的指数。一般来说,在计算质量指标综合指数时,应选择数量指标为同度量因素。如计算商品的价格综合指数时,应以销售量为同度量因素。为了单纯地反映指数化因素的变动情况,必须将同度量因素固定在同一时期,由于所选用的同度量因素的时期不同,产生了不同的综合指数计算公式。现以商品价

格总指数的编制为例来说明质量指标综合指数的编制原则与计算方法。

以基期的销售量为同度量因素的价格综合指数计算公式为

$$I_p = \frac{\sum p_1 q_0}{\sum p_0 q_0} \qquad (7\text{-}3)$$

式 7-3 称为拉氏质量指标综合指数公式。据表 7-1 资料,以基期的销售量为同度量因素,求得三种商品的拉氏价格综合指数为

$$I_p = \frac{\sum p_1 q_0}{\sum p_0 q_0} = \frac{7.2 \times 450 + 3.6 \times 500 + 4.5 \times 960}{7.0 \times 450 + 3.5 \times 500 + 5.0 \times 960} = 96.49\%$$

以报告期的销售量为权数的价格综合指数计算公式为

$$I_p = \frac{\sum p_1 q_1}{\sum p_0 q_1} \qquad (7\text{-}4)$$

式 7-4 称为帕氏质量指标综合指数公式。据表 7-1 资料,以报告期的销售量为同度量因素,求得三种商品的帕氏价格综合指数为

$$I_p = \frac{\sum p_1 q_1}{\sum p_0 q_1} = \frac{7.2 \times 500 + 3.6 \times 520 + 4.5 \times 1200}{7 \times 500 + 3.5 \times 520 + 5 \times 1200} = 96.04\%$$

计算结果表明,此三种商品的价格总水平是下降的,但拉氏价格综合指数和帕氏价格综合指数是不同的。

拉氏价格综合指数由于将作为权数的销售量固定在基期,所以能够单纯反映价格的综合变动;而帕氏价格综合指数由于将权数固定在报告期,说明的是在报告期销售量结构下的价格综合变动,这样计算的指数值包含了销售量因素变动的影响。从理论上说,价格综合指数应该单纯反映价格的变动,故应采用拉氏价格综合指数。但是从现实经济意义上看,人们更关心在目前(报告期)销售量结构下价格的总变动程度,因此,我国目前主要是用帕氏价格综合指数公式计算价格综合指数。也就是说,在我国,一般情况下采用帕氏质量综合指数公式计算质量指标指数。当然出于获取资料的考虑和某些研究目的的需要,有时也采用基期数量为权数计算质量指标指数。

第三节　平均数指数

一、平均数指数的概念及编制特点

（一）平均数指数概念

运用综合指数法编制总指数,要求掌握全面的统计资料,但有时难以取得全面的统计资

料,而平均数指数弥补了综合指数的这一不足。平均数指数是以某一时期的总量为权数对个体指数加权平均计算所得到的指数。其中作为权数的总量通常是两个变量的乘积,它可以是价值总量,如商品销售额(销售价格与销售量的乘积)、工业总产值(出厂价格与生产量的乘积),也可以是其他总量,如农产品总产量(单位面积产量与收获面积的乘积)等。而其中的个体指数可以是个体质量指数,也可以是个体数量指数。

(二)编制特点

平均数指数的基本编制特点是:先对比,后平均。即首先计算出所研究现象总体中各事物或各项目的个体指数,获得反映单个事物或单个项目指数化因素数量变动的相对数。然后通过选择适当的权数,对个体指数进行加权平均得到相应的总指数。编制平均数指数时,有三种权数可供选择:一是基期总量或物值,二是报告期总量或物值,三是固定权数。

二、平均数指数的分类

因权数所属时期的不同,会得到三种不同形式的平均数指数:加权算术平均数指数、加权调和平均数指数及固定加权平均数指数。本节主要介绍加权算术平均数指数和加权调和平均数指数。

(一)加权算术平均数指数

加权算术平均指数是以基期总量为权数对个体指数加权平均计算得出的指数。由于这一指数在计算形式上采用了算术平均形式,故也被称为加权算术平均数指数。其编制的步骤如下。

(1)计算个体指数,包括个体质量指标指数或个体数量指标指数。

(2)取得基期总量指标的资料。

(3)以个体指数为变量,基期总量指标为权数,加权算术平均得到总指数。

若已知基期总量 $p_1 q_0$ 及个体质量指数为 $\dfrac{p_1}{p_0}$ 或个体数量指数为 $\dfrac{q_1}{q_0}$,则以基期总量为权数的质量指标指数和数量指标指数的一般公式为

$$I_p = \frac{\sum \dfrac{p_1}{p_0} p_0 q_0}{\sum p_0 q_0} = \frac{\sum p_1 q_0}{\sum p_0 q_0} \tag{7-5}$$

$$I_q = \frac{\sum \dfrac{q_1}{q_0} p_0 q_0}{\sum p_0 q_0} = \frac{\sum q_1 p_0}{\sum q_0 p_0} \tag{7-6}$$

加权算术平均数指数以 $p_0 q_0$ 为权数,实质上相当于拉氏综合指数。需要指出的是,计算加权算术平均数指数,只要掌握有关的个体指数和基期总量数值即可计算,不必掌握全面资料。

【例7-2】 设某企业生产三种产品的有关资料如表7-2。试计算三种产品的价格总指数和产量总指数。

表7-2 某企业生产三种产品的有关资料

产品名称	计量单位	基期生产总值（万元） (p_0q_0)	个体出厂价格指数 (p_1/p_0)	个体产量指数 (q_1/q_0)
I	件	310	1.03	1.11
II	件	165	1.02	1.04
III	千克	51	0.90	1.25

根据表7-2的资料计算得三种产品的价格总指数为

$$I_p = \frac{\sum \dfrac{p_1}{p_0} p_0 q_0}{\sum p_0 q_0} = \frac{1.03 \times 310 + 1.02 \times 165 + 0.9 \times 51}{310 + 165 + 51} = 101.43\%$$

三种产品的产量总指数为

$$I_q = \frac{\sum \dfrac{q_1}{q_0} p_0 q_0}{\sum p_0 q_0} = \frac{1.11 \times 310 + 1.04 \times 165 + 1.25 \times 51}{310 + 165 + 51} = 110.16\%$$

计算结果表明，报告期与基期相比，该企业三种产品的单位出厂价格平均提高了1.43%，三种产品的产量平均提高了10.16%。

（二）加权调和平均数指数

加权调和平均数指数是以报告期总量为权数对个体指数加权平均计算得出的指数。由于这一指数在计算形式上采取了调和平均形式，故也被称为加权调和平均数指数。其编制的步骤是：

(1)计算个体指数，包括个体质量指标指数或个体数量指标指数。

(2)取得报告期总量指标的资料。

(3)以个体指数为变量，报告期总量指标为权数，加权调和平均得到总指数。

若已知报告期总量 p_1q_1 及个体质量指数 $\dfrac{p_1}{p_0}$ 或个体数量指数 $\dfrac{q_1}{q_0}$，则以报告期总量 p_1q_1 为权数的质量指标指数和数量指标指数的一般公式为

$$I_p = \frac{\sum p_1 q_1}{\sum \dfrac{1}{\dfrac{p_1}{p_0}} p_1 q_1} = \frac{\sum p_1 q_1}{\sum p_0 q_1} \tag{7-7}$$

$$I_q = \frac{\sum p_1 q_1}{\sum \dfrac{1}{\dfrac{q_1}{q_0}} p_1 q_1} = \frac{\sum q_1 p_1}{\sum q_0 p_1} \tag{7-8}$$

加权调和平均数指数以 p_1q_1 为权数,实质上相当于帕氏综合指数。需要指出的是,计算加权调和平均数,只要掌握有关的个体指数和报告期总量数值即可计算,不必掌握全面资料。

【例 7-3】 设某企业生产三种产品的有关资料如表 7-3。试计算三种产品的价格总指数和产量总指数。

表 7-3 某企业生产三种产品的有关资料

产品名称	计量单位	报告期生产总值(万元) (p_1q_1)	个体出厂价格指数 (p_1/p_0)	个体产量指数 (q_1/q_0)
Ⅰ	件	354	1.03	1.11
Ⅱ	件	175	1.02	1.04
Ⅲ	kg	57	0.90	1.25

根据表 7-3 的资料计算得三种产品的价格总指数为

$$I_p = \frac{\sum p_1 q_1}{\sum \frac{1}{\frac{p_1}{p_0}} p_1 q_1} = \frac{354 + 175 + 57}{\frac{1}{1.03} \times 354 + \frac{1}{1.02} \times 175 + \frac{1}{0.9} \times 57} = 101.28\%$$

三种产品的产量总指数为

$$I_q = \frac{\sum p_1 q_1}{\sum \frac{1}{\frac{q_1}{q_0}} p_1 q_1} = \frac{354 + 175 + 57}{\frac{1}{1.11} \times 354 + \frac{1}{1.04} \times 175 + \frac{1}{1.25} \times 57} = 109.99\%$$

计算结果表明,报告期与基期相比,该企业三种产品的单位出厂价格平均提高了 1.28%,三种产品的产量平均提高了 9.99%。

从指数的实际意义和效果来看,加权平均数指数实际上是加权综合指数的一种变形。但二者所依据的计算资料是不同的。加权综合指数的计算通常需要掌握全面的资料,实际编制中往往具有一定的困难,而加权平均数指数则既可以依据全面的资料来编制,也可以依据非全面资料来编制,更符合实际数据的要求,因此加权平均数指数在实际中应用更为广泛。

对于平均数指数有关公式的应用应该根据掌握的资料和实际情况加以选择。若掌握了个体指数和基期总量数值,一般采用加权算术平均数指数;若掌握了个体指数和报告期总量数值,一般采用加权调和平均数指数。另外,加权算术平均数指数多用于计算数量指数,而加权调和平均数指数多用于计算质量指数。

第四节 指数的应用

指数作为一种重要的经济分析指标和方法,在实践中获得了广泛应用。世界各国的政府统计,基本上都是根据上述的指数方法及原理编制各种各样的价格指数和数量指数。下面介绍几种经济研究和实践中常用的重要指数。

一、居民消费价格指数

居民消费价格指数是综合反映一个国家或地区一定时期内城乡居民所购买的各种生活消费品价格和服务价格的变动趋势和程度的一种相对数,国外又称居民消费者价格指数(consumer price index,CPI)。该指数不仅可以用于分析市场物价的基本动态,还可以用于反映一个国家或地区通货膨胀状况、货币购买能力及其对居民实际收入的影响。它是政府制定物价政策和工资政策的重要依据,世界各国都在编制这种指数。除了编制总的居民消费价格指数外,还可分别编制城市居民消费价格指数和农村居民消费价格指数。

我国居民消费价格指数的编制是在分类的基础上,从代表性商品的个体指数开始,逐级计算基本分类指数、中类指数、大类指数和总指数。

代表性商品的个体价格指数是报告期平均价格与基期平均价格之比,即代表性商品的环比价格指数,其公式为

$$K_p = \frac{P_1}{P_0} \qquad (7-9)$$

如果所属代表性商品有 n 种,则需分别计算 n 个环比价格指数。

基本分类价格指数是各代表性商品的个体价格指数的简单几何平均数,其公式为

$$\overline{K_p} = \sqrt[n]{K_{p_1} K_{p_2} \cdots K_{p_n}} \qquad (7-10)$$

中类指数、大类指数和总指数都是采用基期加权算术平均的方法编制,权数为基期各层次各种消费支出所占的比重。总指数的编制公式为

$$I_p = \sum k_p W_0 \qquad (7-11)$$

式 7-11 中,k_p——各大类的指数;

$\qquad$ W_0——基期各大类消费支出占总支出的比重。

在 2001 年以前,我国根据调查资料直接计算月环比、月同比,以及年度同比价格指数。自 2001 年起,我国改用国际通用方法,计算定基价格指数。即以 2000 年平均价格作基准,计算出各月定基价格指数后,再推算月环比、月同比及年度同比价格指数,同时可推算任意时间间距的多种价格指数,价格资料更丰富。

我国编制价格指数的商品和服务项目,根据全国城乡近 11 万户居民家庭消费支出构成资料和有关规定确定,目前共包括食品、烟酒及用品、衣着、家庭设备用品及服务、医疗保健及个人用品、交通和通讯、娱乐教育文化用品及服务、居住 8 大类,251 个基本分类,约 700 个代表品种。居民消费价格指数就是在对全国 550 个样本市县近 3 万个采价点进行价格调查的基础上,根据国际规范的流程和公式算出来的。表 7-4 是我国 2015 年全国以及部分城市和农村按年度同比给出的居民消费价格分类指数。

表 7-4 居民消费价格分类指数（2015 年）（上年＝100）

项 目	全 国	城 市	农 村
居民消费价格分类指数	101.4	101.5	101.3
一、食品	102.3	102.3	102.4
1.粮食	102.0	102.2	101.7
大米	101.6	101.6	101.5
面粉	101.4	101.7	101.0
2.淀粉及制品	101.6	101.8	100.9
16.其他食品	101.1	101.1	100.9
二、烟酒及用品	102.1	102.0	102.3
三、衣着	102.7	102.8	102.3
四、家庭设备用品及维修服务	101.0	101.0	100.9
五、医疗保健和个人用品	102.0	101.9	102.3
六、交通和通信	98.3	98.4	98.1
七、娱乐教育文化用品及服务	101.4	101.4	101.4
八、居住	100.7	101.0	99.7

资料来源:《中国统计年鉴 2016》,中国统计出版社,2016 年。

二、工业生产指数

工业生产指数是反映一个国家或地区工业产品产量综合变动程度的一种数量指标,是衡量经济增长水平和判断经济形式的重要依据。工业生产指数的编制方法有多种,我国1995 年以前采用综合指数中的杨格指数来编制工业生产指数,采用不变价格为同度量因素来测定工业产品产量的变动程度。若以 p_n 表示不变价格,则工业生产指数为

$$I_q = \frac{\sum q_1 p_n}{\sum q_0 p_n} \tag{7-12}$$

我国先后采用过 1952、1957、1965、1970、1980 和 1990 年的不变价格。但由于工业产品繁多、更新换代加速,不变价格的工业生产指数不能真实反映工业发展速度,因而 1995 年后逐步被加权算数平均数指数取代。采用加权算数平均数指数来编制工业生产指数,具体步骤是先计算个体指数,再由个体指数计算类指数,最后由类指数或大类指数计算总指数。权数是各相应的基期增加值。编制公式为

$$I_q = \frac{\sum k_q q_0 p_0}{\sum q_0 p_0} \tag{7-13}$$

式 7-13 中,k_q——工业产品的个体指数或类指数;

$q_0 p_0$——各产品或各类产品的基期增加值。

三、股票价格指数

股票价格指数是综合反映股票市场上多种股票价格变动程度的指数，通常简称股价。股票价格指数一般也采用与基期比较法，即将选样股票计算期的价格总和与基期选样股票的价格总和进行比较，反映各个时期价格水平的变动情况。指数单位一般用“点”表示，“点”是衡量股票价格起落的尺度，即将基期指数作为100，每上升或下降一个百分点称为“1点”。

常用的股票价格指数编制方法是以股票发行量为同度量因素的综合指数形式，编制公式为

$$I_p = \frac{\sum p_1 q_0}{\sum p_0 q_0} \tag{7-14}$$

式7-14中发行量 q 的时期有的固定在基期，有的固定在报告期。我国的上证综合指数、深证综合指数和香港恒生指数采用帕氏综合指数(即把发行量固定在报告期)。美国的标准普尔指数采用拉氏综合指数(即把发行量固定在基期)。

第五节　用Excel计算总指数、平均指数

一、利用Excel计算总指数

【例7-4】 某企业三种产品生产情况的统计资料如图7-1所示，以基期单位成本为同度量因素，计算生产量综合指数。

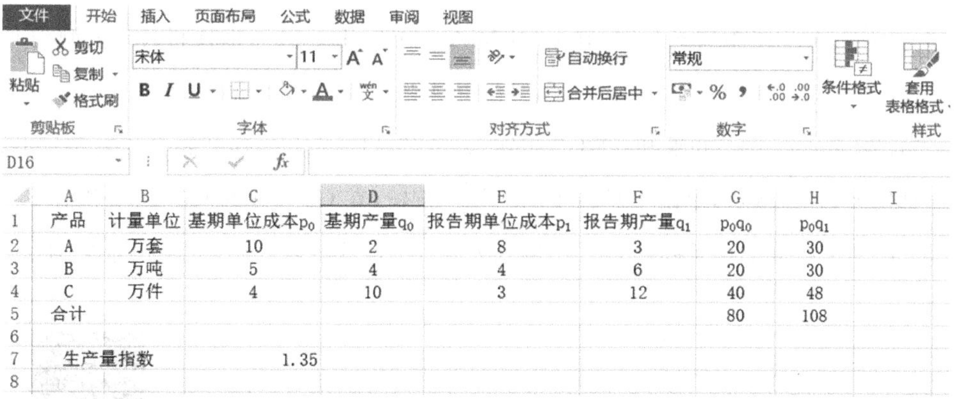

	A	B	C	D	E	F	G	H	I
1	产品	计量单位	基期单位成本 p_0	基期产量 q_0	报告期单位成本 p_1	报告期产量 q_1	p_0q_0	p_0q_1	
2	A	万套	10	2	8	3	20	30	
3	B	万吨	5	4	4	6	20	30	
4	C	万件	4	10	3	12	40	48	
5	合计						80	108	
6									
7	生产量指数		1.35						
8									

图7-1　利用Excel计算总指数的资料及结果

利用Excel计算总指数的步骤如下。

(1)计算各个 p_0q_0 并求和：在G2中输入公式“=C2＊D2”，拖拽将公式复制到G2：G4

区域。选定 G2:G4 区域,单击工具栏中的"$\sum$"按钮,在 G5 中出现该列的求和值。

(2)计算各个 $p_0 q_1$ 并求和:在 H2 中输入公式"=C2*F2",拖拽将公式复制到 H2:H4 区域。选定 H2:H4 区域,单击工具栏中的"$\sum$"按钮,在 H5 中出现该列的求和值。

(3)计算生产量综合指数:在 C7 中输入公式"=H5/G5",即可得到生产量综合指数。

二、利用 Excel 计算平均指数

【例 7-5】 某企业生产情况的统计资料如图 7-2 所示,以基期总成本为同度量因素,计算生产量平均指数。

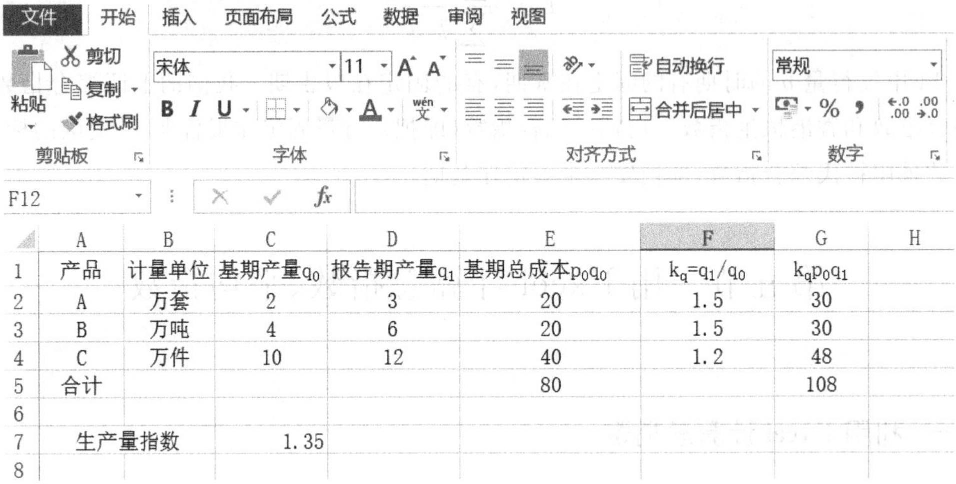

	A	B	C	D	E	F	G	H
1	产品	计量单位	基期产量q_0	报告期产量q_1	基期总成本$p_0 q_0$	$k_q = q_1/q_0$	$k_q p_0 q_1$	
2	A	万套	2	3	20	1.5	30	
3	B	万吨	4	6	20	1.5	30	
4	C	万件	10	12	40	1.2	48	
5	合计				80		108	
6								
7		生产量指数	1.35					
8								

图 7-2 利用 Excel 计算平均指数的资料及结果

利用 Excel 计算平均指数的步骤如下。

(1)计算各个个体指数 $k_q = \dfrac{q_1}{q_0}$:在 F2 中输入公式"=D2/C2",拖拽将公式复制到 F2:F4 区域。

(2)计算各个 $k_q p_0 q_0$ 并求和:在 G2 中输入公式"=F2*E2",拖拽将公式复制到 G2:G4 区域。选定 G2:G4 区域,单击工具栏中的"$\sum$"按钮,在 G5 中出现该列的求和值。

(3)计算生产量平均指数:在 C7 中输入公式"=G5/E5",即可得到生产量平均指数。

习题

| 第八章 |

统计分析报告的写作

课件

第一节　统计分析报告的一般问题

统计分析报告是集中展示统计分析的过程中提炼的观点、使用的论据、得出的结论的一种书面报告形式。

从方法上看,统计分析报告在占有大量收集整理后的统计数据和文字资料的基础上,以统计特有的计算和分析方法进行定量和定性的综合分析,通过逻辑思维,从数量和质量的辩证关系中阐明研究对象的运行过程及规律,进一步可针对其存在的问题提出解决的方案或建议。

从形成过程上看,统计分析报告是作者的主观思想与研究对象的客观实际的有机结合。

从形式上看,统计分析报告不同于一般的总结报告、议论文或说明文,而是使用统计资料和统计方法,将数字与文字相结合,综合运用了表格、图形等形式。

从功能上看,统计分析报告可以为党政领导提供决策参考依据,为企业发展提供决策依据,为社会公众投资兴业、消费理财提供咨询服务。

一、统计分析报告的特点

(一)科学性

在统计分析报告的形成过程中,每一环节均是对统计学这门学科的具体应用。从统计数据的收集、统计资料的整理到统计分析过程,最终得出可靠的结论并提出有针对性的建议,这其中包含但不限于统计指标、统计分组、动态分析、因素分析、统计推断等统计特有的分析研究方法,全面、深刻地剖析研究对象的运行过程及规律。

（二）数量性

统计分析报告与其他总结报告的最大区别在于让数据说话，围绕统计数字来分析研究问题，运用数字语言，包括各种形式的统计图和统计表，展示和分析社会经济的发展水平，或是用数字表现研究对象的规模、水平、结构、质量和效益等情况。通过定量分析结合定性分析，统计语言结合统计数据，使得统计分析报告数据客观准确，分析有理有据，结论合乎实际，建议切实可行。

（三）实用性

从文体上看，统计分析报告属于应用文的体裁范畴，是一种旨在为党政领导提供决策参考依据，为企业发展提供决策依据，为社会公众投资兴业、消费理财提供咨询服务的书面报告。这体现了统计分析报告的实用性。为了保证统计分析报告的实用性，要求做到以下几个方面：（1）针对性，报告反映的问题应是其面向的对象关心的热点、难点、焦点、重点问题。（2）准确性，报告中应做到数据真实、论述有理、建议可行，准确性是统计活动的最基本要求。（3）时效性，报告的准确性亦需要由时效性来保证，过时的数据、结论及建议无法为报告的读者提供有用的信息，实用性亦大打折扣。

二、统计分析报告的作用

统计分析报告作为统计活动的成果，在指导及把脉企业、行业，乃至国家的发展进程中发挥着十分重要的作用。

（1）纵向上反映社会或企业在不同时期的发展状况，横向上开展不同地区、行业、企业之间的对比评价，既能充分展示各级单位在发展建设中取得的优秀成果，又能帮助各级单位在比较中找出不足。

（2）跟踪监督各级机构部门计划实施情况，全面掌握各部门、各环节的发展状况、结构比例等，促进各部门、各环节协调发展；及时发现社会经济发展过程中企业、行业等出现的新情况、新问题，为企业、政府等提供决策依据。

（3）立足当前，展望和预测未来，有利于进一步明确发展方向，对企业在今后发展过程中可能出现的困难和问题做到心中有数，防患于未然，也有助于制订社会和企业发展计划。

（4）统计分析报告的质量是统计工作水平的重要体现。通过报告的撰写可以有效地检验统计工作各环节的工作质量，及时发现问题并改进，使统计工作不断完善和提高，有利于促进统计工作自身的发展。

三、统计分析报告的类型

统计分析报告可从不同的角度进行划分，例如研究范围、深度、时期等，从而分为不同类型的统计分析报告。

（一）按研究范围分类

统计分析报告按照研究范围的大小，可依次分为对整个国家社会经济问题进行分析的宏观统计分析报告、部门统计分析报告、行业统计分析报告及企业统计分析报告。其中部门统计分析报告有针对一产、二产、三产的统计分析报告，针对工业、农业、建筑业、贸易、人口等的统计分析报告；对部门进行细分，进而可以形成针对行业的统计分析报告；企业统计分析报告包括企业生产统计分析报告、成本统计分析报告、销售统计分析报告、效益统计分析报告等。

（二）按研究深度分类

统计分析报告按照研究深度不同，可分为综合统计分析报告、专题统计分析报告。综合统计分析报告是对研究对象在某一时空范围内所发生的社会经济活动进行全面系统概览式地统计分析的报告；专题统计分析报告是针对研究对象在某一方面的问题进行专门地、深入地研究分析的报告，相对而言，其研究深度深于综合统计分析报告。

（三）按时期长短分类

统计分析报告按照分析的时期长短不同，可分为月度统计分析报告，季度统计分析报告，半年度、年度统计分析报告，五年计划期或更长时期的统计分析报告等。

第二节　撰写统计分析报告的基本步骤

统计分析报告是统计工作的成果，从撰写过程角度看，应是与统计工作一脉相承，在经过统计资料的收集、整理、分析之后，根据分析的结果撰写统计分析报告。但从应用文写作的角度看，统计分析报告撰写的过程并不是统计工作的简单延伸，其完整过程应包括选题目、收资料、提观点、拟框架、组文句、多修改这六个步骤。下面分别对每个步骤做简要说明。

一、选题目

选题是撰写统计分析报告的首要环节。选题确定了，报告的研究方向即确定了下来，围绕选题随之展开收集资料、统计整理、统计分析等统计活动及报告撰写工作，选定的题目指导后续统计活动和报告撰写工作的有效进行。那么究竟应该如何选题呢？

一方面，从统计分析报告实用性的特点出发，报告的选题应着眼于党政领导、企业、社会公众等报告面向的对象最为关切的热点、重点、焦点问题，实际中多根据工作内容确定要研究的问题。这要求报告编写人员在实际工作中关注社会经济或企业发展中出现的新情况、新问题,培养对选题的敏感性。

另一方面统计分析报告的选题需注意如下两点:(1)选题不可过于宽泛和求大求全。选题过大可体现为研究时期过长、研究对象过广、研究内容过宽,以上均不利于对研究问题展开细致深入的分析,分布不透彻,则无法很好地归纳原因、解决问题。因此选题时,我们提倡"开口小、挖掘深"。从小问题着手,通过对收集到的资料的合理运用,进行周密的论证,就可以写出优质的统计分析报告。(2)选题不可过于老旧,要突出新意和价值。选题的新意和价值体现为所选题目尚未有人研究或研究成果尚未完善,或是已有研究成果不适应新的社会经济环境而显得肤浅滞后,甚至可选择观点有争议的问题。通过对以上选题的深入探索分析,可起到弥补空白、加深认识、纠正谬误的作用,因而凸显出选题的新意和价值。

二、收资料

在统计分析报告编写过程中,资料的收集、整理及分析起着非常重要的作用。相关资料收集得越多,对问题的了解就越清楚,在此基础上才有可能对问题有客观的认识,进而提炼出正确的观点。否则因为资料不齐全和事实不清楚而可能得出片面的结论或是错误的结论。

从形式上看,编写统计分析报告需收集的资料有反映研究对象的文字资料、统计数字、相关调查资料及其他信息等,即资料的收集不仅仅是数字资料,还包括了大量相关的文字资料。

从内容上看,我们需要收集如下几方面的资料:(1)收集反映研究对象和与其相关的资料,包括研究对象的动态资料和与研究对象有联系的相关单位的统计资料,便于从纵向横向多维度展开对研究对象的分析。(2)收集与研究主题有关的理论数据或经验资料,例如用恩格尔系数来比较判断一国或一地区富裕程度时,通常会参照联合国粮农组织提出的标准进行。(3)收集与研究对象有关的文字资料。

从渠道上看,我们收集的资料有网络资料、报刊资料、书籍资料、内部资料、年鉴资料等。

在使用收集到的各类资料之前,还需注意进行资料的审核,这里主要是对资料的真实客观性进行审核,同时为了方便接下来的统计分析工作,还需对数字资料的完整性、代表性、可比性及时效性进行审核。

三、提观点

统计分析报告全篇要表达的中心思想即是其观点所在,是一篇统计分析报告的灵魂。每一篇统计分析报告都应有一个总的观点统领全文,依据统计分析的结果进行的论证都应围绕这一观点展开。

在提炼一篇统计分析报告的观点时,应遵循以下几个原则。

(1)以大量的、客观的、详细的资料作为提炼观点的依据。

(2)以发展的、联系的眼光对研究问题进行全方位的思考,包括动静结合、正逆结合等多向思维过程。

（3）以理性的态度对大量材料进行由表及里、由此及彼的深入分析。

（4）观点以单一、集中为宜，一篇统计分析报告中不能有两个及以上的中心论点，且不宜贪大求全。

那么如何提炼一篇统计分析报告的观点？一般来说，根据思维过程，可将提炼观点的基本方法分为三种：归纳提炼法，即从分散到集中，从大量资料中归纳出某种规律，进而提炼为观点；演绎提炼法，与归纳相反，是从集中到分散的过程，先提出一个模拟的观点，再寻找足够支撑此观点的资料，分析确定最终是否采用这一观点；比较提炼法，即采用对比的方式，从资料的比较或诸多观点的比较中以排除和择优的方式提炼出最终观点。

四、拟框架

统计分析报告正式行文写作之前，还需要对全文的结构精心构思一番，拟定出文章的框架，落实下来形成提纲。好的文章结构会给人逻辑缜密、观点清晰、层次分明、浑然一体之感，有利于提高统计分析报告的质量。

一般来说，统计分析报告全文分为开篇、正文、结尾三个部分。开篇作为统计分析报告的开头部分，一般通过开门见山揭示主题、总览全文观点、交代写作动机、突出矛盾、制造悬念等方式，迅速引起读者兴趣。正文是报告的核心部分，是使用相关论据结合适当的论证方法证明论点的过程，此部分的结构安排是整个报告框架拟定过程中的重要工作。结尾以总括全文、提出对策建议、首尾呼应、补充强调主题观点等方式，帮助读者加深认识、引起思考。

统计分析报告正文部分的结构类型可分为如下几类。

（1）并列式，即把正文横向展开为若干个部分，各部分之间是并列关系，不存在主次优劣或先后因果之分，因此各部分之间甚至可以调换顺序而不影响正文的论证过程。综合统计分析报告常采用并列式结构，例如每一年度由国家统计局发布的国民经济和社会发展统计公报。

在并列式结构中，还可以根据中心论点位置不同分为总—分结构和分—总结构。"总"即为报告中心论点，"分"则为并列安排的用于证明中心论点的各个分论点及论据。

（2）递进式，即把正文纵向展开为若干部分，各部分之间的先后顺序是按逻辑关系或发展阶段来安排的，因此具有层层递进的关系，有时甚至是因果关系，不可任意调换各部分已有顺序。专题统计分析报告常采用递进式结构。

当然在一些大型统计分析报告中，通常会出现并列式与递进式混合使用的情况，例如在专题报告中，从整体上来看正文采用的是递进式结构，但在递进结构的段落中又可能包含有并列安排的论据。

五、组文句

所谓组文句，就是在明确报告观点的基础上，按照拟定的框架结构，将经过收集整理分析后的统计数据、文字以及图表,根据论证观点的需要有机组合的过程。

在此过程中,对统计分析报告中的文字表述要求做到用词准确和表达规范。

具体说来,用词准确要求:(1)简称词语使用准确,如国内生产总值简称GDP,一般使用约定俗称的简称。若无相关简称,则需特别指明后再使用。(2)模糊词语使用准确,如"大约、可能、近乎、将达"等词语都是统计分析中使用的模糊词语,在报告中正确使用该类词语,如"2030年中国人均预期寿命将达79岁",不但不会降低报告的价值,相反能将信息表达得更加客观,提高分析结构的可信度。(3)统计专业术语使用准确,如"发展速度与增长速度""国内生产总值与国民生产总值""同比、环比、定比""增长200%与翻两番"等统计专业术语,在使用时应注意辨析其区别,避免使用不当。表达规范要求在撰写统计分析报告时,语句须有完整的语法结构,符合语法规范,单句或复句灵活使用,注意语句表达不能出现歧义。

统计分析报告作为统计的说明文或议论文,属于应用文的范畴,因此在表达上还要求言辞简练质朴,不宜采用夸张等修辞手法。但这并不意味着统计分析报告读来都是枯燥无味的,在报告中适当采用一些鲜活的表达,或是使用设问、反问等形式,可以增加报告的生动性,引起读者的注意。

六、多修改

依据拟定的框架,将收集分析的材料与论点有机结合形成的统计分析报告初稿,还需有一个修改的过程,这是提高报告质量的必要一步。以下从"修改什么"和"如何修改"两个方面简要介绍统计分析报告的修改。

(一)"修改什么"

对统计分析报告进行修改时应重新审视撰写过程中的每一步骤,需审视修改的内容包括资料是否足够支撑论点,观点是否客观准确无偏误,分析方法是否使用得当,结论是否合理,结构是否逻辑清晰、层次分明,文字表达是否简洁规范无病错。通过对以上内容的反复审视和修改,最终定稿的统计分析报告应是观点、结构和数据分析结果三者有机结合的整体。

(二)"如何修改"

对统计分析报告的修改从修改主体来看,可分为自我推敲和他人帮助两种形式。

自我推敲需要报告撰写者以冷静理智的方式自行对报告初稿的观点、结构、文字等方面内容进行反复推敲,在此过程中可采用念读的方法,即将报告从头至尾念读或朗读出来,发现有错字病句,不顺口、不连贯或是论证不充分的地方,可以边读边标记边修改,通过这样多次反复来提升报告质量。

有时统计分析报告的作者面对自己撰写的报告较难发现问题,或是发现问题却不舍得删改,这时就须积极向他人寻求帮助,虚心听取他人对报告提出的意见。寻求提供帮助者可以是统计专业人员,也可以是非统计专业人员;可以是报告的使用者,也可以是其他工作人员。同时不要盲目吸取他们给出的全部意见，要对其进行甄别思考，吸收其中正确合理的意见，再对报告进行修改。

第三节　统计分析报告范例分析

五大因素促进江西节能取得新成效

何小敏　谭　玲

原文载于《中国统计》2016 年第 10 期

"十二五"时期，江西全省上下牢固树立"生态立省、绿色发展"理念，坚持资源节约基本国策，把节能作为倒逼经济发展方式转变、加快产业转型升级的重要内容和抓手，强化各项措施，节能降耗取得显著成效，单位 GDP 能耗累计下降 18.2%，超额完成国家下达的 16% 约束性目标，实现了"十二五"规划的圆满收官。

江西节能之所以取得显著成效，主要得益于以下 5 个方面：

——得益于产业结构转型升级。

产业调整优化，结构节能效果显现。"十二五"时期，全省三次产业结构由 2010 年的 12.8：54.2：33.0 调整到 2015 年的 10.6：50.8：38.6。其中，第一产业比重下降 2.2 个百分点；第二产业比重下降 3.4 个百分点，主要是工业占比下降，由 45.4% 下降到 41.8%，下降 3.6 个百分点；第三产业占比提高 5.6 个百分点。产业结构上的这一可喜变化，在节能方面有着非常明显的体现，因第三产业比重提高，工业比重下降，全省实现节能约 300 万吨标准煤。

——得益于工业结构调整优化。

工业结构改善，工业节能成效显著。2015 年，全省高新技术产业增加值占规模以上工业比重 25.7%，比 2010 年提高 1.9 个百分点，"十二五"期间年均增长 15.3%，高于全省工业平均增速 1.9 个百分点。与此同时，六大高耗能行业增加值占规模以上工业比重 37.8%，比 2010 年下降 5.6 个百分点，年均增长 12.2%，低于全省平均增速 1.2 个百分点，能耗增长出现大幅度回落，由 2010 年增长 10.7% 变化为 2015 年增长 2.5%。受益于此，"十二五"时期，工业用能以年均 4.4% 的增速支撑了工业生产 13.4% 的增长，单位工业增加值能耗累计下降 33.8%，超额完成 25% 的工业节能目标。

——得益于落后产能加速淘汰。

化解过剩产能，落后产能加速退出。"十二五"期间，累计淘汰水泥 1851.7 万吨、造纸 211.8 万吨、炼钢 273.3 万吨、炼铁 292 万

开篇部分开门见山，用单位 GDP 能耗指标的对比，说明了江西省在节能降耗上取得的成效。

紧扣主题，细致分析助节能取得成效的五大因素。

对每一因素的阐释都采用了"中心句＋数据资料"论证的方式。

中心句的使用使得要点突出，有助于读者快速掌握报告主要内容。

对中心句（分论点）的论证说明，作者使用了大量指标的纵向横向对比数据资料，丰富的数据资料加强了论证的力度。

但值得改进的是，大量数据资料的使用若能通过统计图呈现出来，则会使文章生动、形象，为整篇报告增色不少。

吨、铜冶炼 98.1 万吨、铁合金 15 万吨、焦炭 140 万吨、平板玻璃 284 万重量箱、印染 38450 万米、铅蓄电池 797 万千伏安时,超额完成"十二五"淘汰落后产能任务。

——得益于能源利用效率提升。

能源综合利用保持优良水平,技术节能发挥作用。2015 年,全省火力发电、供热、原煤入洗、炼焦、炼油、制气等加工转换企业能源投入产出总效率达到 67.4%,保持较好水平。其中,火力发电效率 39.9%,热点联产效率 41.0%,原煤入洗效率 86.4%,比 2010 年分别提高 1.5、1.3 和 8.8 个百分点。企业回收利用各类能源 597.93 万吨标准煤,占规上工业能耗的比重达 11.7%,比 2010 年提高 1 个百分点。在统计监测的 60 项单耗指标中,90% 以上综合能耗指标均有下降,能源利用效率比 2010 年有大幅度提升。

——得益于重点领域节能稳步推进。

建筑、交通、公共机构等领域的节能工作稳步推进。一是加大建筑节能力度,严格执行新建建筑节能标准,全省城镇新建建筑设计阶段执行节能强制性标准比例达 100%,施工阶段执行节能强制性标准比例达 98.5% 以上。全省累计有 111 项工程取得绿色建筑评价标识。二是加快调整优化交通领域能源消费结构,积极推进清洁能源和新能源汽车利用。"十二五"以来全省新增柴油车辆 13.79 万辆,新增新能源和混合动力车 1567 辆,淘汰高耗能车辆 5.3 万辆。三是对公共机构能源资源消费实行目标管理,并将考核得分情况纳入省委、省政府市县科学发展综合考核评价体系和省直部门综合绩效管理体系。全省公共机构年人均能耗、单位建筑面积能耗与 2010 年相比下降率均达到 20% 左右。

在取得节能成效的同时,江西能源利用方面也存在着一些突出问题,值得关注:

一是能源格局"一小二低"。江西能源消费总量小,人均低,强度低。2015 年江西能源消费总量 8440.34 万吨标准煤,从大到小排在全国第 25 位,占全国的比重不到 2%,远低于人口和 GDP 的占比。人均能耗水平为全国最低,只相当于全国平均水平的 58%,人均用电也只相当于全国的 55%。单位 GDP 能耗 0.54 吨标准煤/万元,从低到高排在全国第 8 位,只相当于全国平均水平的 75%。正因为总量基数小,能耗水平低,江西节能潜力和空间十分有限。但从工业化的进程来看,江西目前仍处在中期阶段,发展的任务十分艰巨,能源需求将保持刚性增长。"十三五"国家将实施能耗总量和

过渡段,承上启下。在肯定成效的同时,也要清醒地认识到现状,因此接下来指出在能源利用问题上存在的短板。

在指出问题的这一部分中,作者提炼归纳了 4 个方面的问题,仍是以"中心句＋数据资料"的方式呈现。

强度双控,江西经济增长空间将受到来自资源能源约束的挑战。

二是能源结构以煤为主。江西能源消费以煤为主,煤炭消费量占全省能源消费总量的近70%。过度依赖煤炭不仅降低能源综合利用效率,而且严重污染环境。以煤为主的能源构成以及60%以上的燃煤在陈旧的设备和炉灶中沿用落后的技术被直接燃烧使用,成为大气污染物和温室气体排放的主要根源。目前非化石能源消费占比不到10%,以化石能源为主体的高碳能源消耗模式已难以支撑经济可持续发展,成为江西经济发展最大困局。

三是产业结构重工业化。江西经济以工业为主体,第三产业比重低。工业占GDP比重比全国平均水平高5.8个百分点,第三产业比重比全国低11.9个百分点。工业发展具有高度的能源依赖性,工业能源消费占能源消费总量的70%,工业单位产出所消耗的能源资源是第三产业的3倍。同时江西工业重型化特征明显,高耗能行业比重偏高。"偏高"的产业结构带来能源消费高度集中,六大高耗能行业能源消费占工业的85%。经济的较快增长是建立在高投入与高消耗基础之上,增长方式粗放、低效,经济发展转方式、调结构任务重。

四是能源自给严重不足。由于省内资源匮乏,近年来江西能源生产持续下滑,能源生产与消费发展极不均衡,缺口很大,"十二五"期间煤炭的产需缺口平均以15%的速度不断扩大。全省能源自给率持续走低,已从2000年的51%下降至2015年的30%,远低于全国能源自给率85%的平均水平。能源自给严重不足,高度依赖外部市场,能源保障不确定性加大,能源风险将随着需求量的增加而增加。

"十三五"我国节能政策更趋严格,提出强化约束性指标管理,实行能耗总量和强度双控行动。今后5年是江西推进生态文明先行示范区建设、着力打造美丽中国"江西样板"关键期,机遇与挑战并存,为此建议:

一要继续强化节能目标管理。在经济下行压力较大、节能压力不大的情况下,节能工作决不能放松,要把节能作为倒逼经济发展方式转变、加快产业转型升级的重要内容和抓手,采取强有力的节能措施,实行分类指导和监督,加强目标考核评价,强化各级政府和企业节能工作的责任意识。

二要继续大力发展服务业。加快推进服务业领域改革,加大政策扶持力度,尽快培育壮大现代服务业规模,提高第三产业在经济

作者使用丰富而详细的数据资料,通过与全国平均水平横向对比或是自身发展的纵向对比,指出江西省在能源利用方面存在(1)节能空间有限;(2)能源消耗结构落后;(3)经济发展倚重高耗能产业;(4)省内能源自给不足、能源风险加大四大问题。

分点叙述,条理清晰,论证合理。

进入报告的结尾部分,作者以对策建议方式结束全文是统计分析报告的常见结尾方式。

面对存在的问题及新的发展机遇,作者提出了四点建议,与前一部分指出的问题呼应,有较强的针对性,同时建议内容切实可行。

中的份额,使经济由工业主导型向服务业主导加快转变。

三要继续加快转型升级步伐。严格节能、环保、安全等准入,严格控制高耗能、高排放和产能过剩行业新上项目,禁止高污染行业和落后生产能力向江西转移,培育壮大电子商务、新材料、生物技术等新兴产业。推进传统产业转型升级,对现有的高耗能企业要加快向低耗能、高效益方向发展的步伐,积极主动实施低碳转型促经济新常态发展。

四要继续加快新能源开发和利用。推动能源多元化发展,降低化石能源在能源结构中的比重,因地制宜发展风能、太阳能、生物质能、地热能等可再生能源,加大可再生能源和新能源的替代比率,建立安全、高效、清洁、低碳的能源供应与消费体系。

第四节 统计分析报告中统计图形的使用

统计分析报告中常常需要使用不少的统计图表作为收集整理后数据的展示途径,其中由于数据类型不同,往往需要选择适当的统计图表展示数据,以便将作者想要表达的意思充分、清楚、准确地传达给报告的使用人。相比之下,统计图形使用几何学的基本度量如点、线、面或具体实物形象,把统计数据绘制成统计图形后,更能给人以明晰、概括、形象的感觉,因此在统计分析报告中得到了广泛的应用。

使用各类办公软件,如 Excel、WPS 等,我们可以较为容易地做出柱状图、折线图、饼图、散点图、气泡图、雷达图等常用统计图,用于展示分类比较、频次分布、总体构成、关联关系等数据关系。那么,如何选择合适的统计图形以便准确地传达数据信息?下面介绍统计图形的基本类型和适用原则。

一、柱状图与条形图

柱状图利用矩形条块的高度反映被比较项目的数量差异。一般情况下,柱状图的横轴显示不同单位或个体,可用不同颜色代表不同单位的矩形条块,但能够参与比较的单位数量有限,因为当参与比较的单位数量较多时则不易分辨。若柱状图的横轴为时间维度,则需注意时间标注方向应便于读者观察时间趋势。

当参与比较的单位数量较多(例如大于 5 个)时,可用条形图替代柱状图,能有效提高数据对比清晰度;尤其是条形图的矩形条块按照长度,即指标数值的大小降序排列时,可极大提升条形图的阅读体验。如图 8-1、图 8-2、图 8-3 所示。

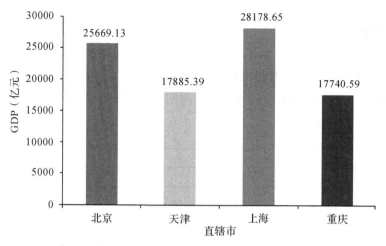

图 8-1　2016 年中国各直辖市 GDP 对比

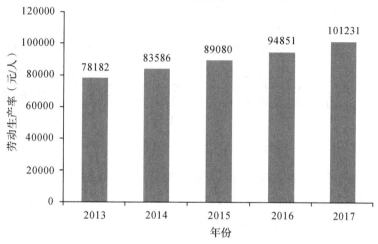

图 8-2　2013—2017 年中国全员劳动生产率

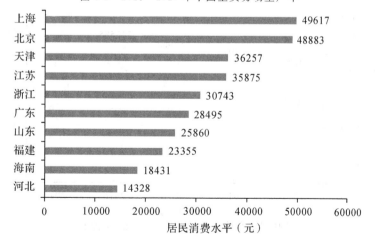

图 8-3　2016 年部分地区居民消费水平对比

二、折线图

当我们需要描述事物随着时间推移而发生变化时，一般选择折线图。与横轴为时间维度的柱状图相比，折线图能细致反映较长时间范围内的变化趋势，还能清晰比较多个指标的时间趋势。如图 8-4 所示。

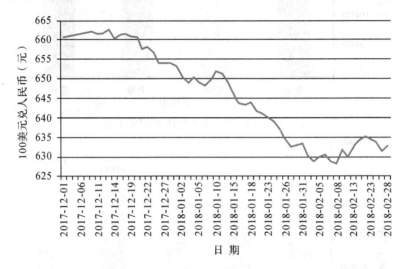

图 8-4　人民币对美元汇率中间价

使用折线图时，可通过在关键时间点添加事件标记使图形包含信息更加充分；也可通过添加趋势线更直观表明事物的时间趋势，当趋势线的拟合优度越接近 1 时，趋势越可靠。

柱状图与折线图结合使用的频率比较高，当有多个指标进行对比，尤其是对比指标与指标的增长率时非常适用，这样使得一个统计图可以表现两个层次的信息，如图 8-5 所示。

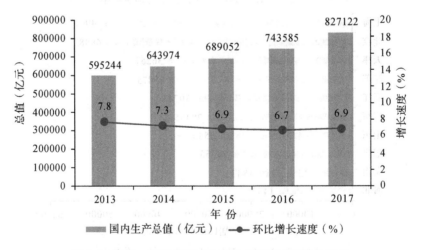

图 8-5　2013—2017 年国内生产总值及其环比增长速度

三、饼图

饼图用来显示信息的相对比例,在反映某个部分占总体比重的情况下使用,即对应统计数据中的结构相对数。相对而言,饼图在基本统计图形中使用范围最小,也最容易发生使用不当的情形。如图 8-6、图 8-7 所示。

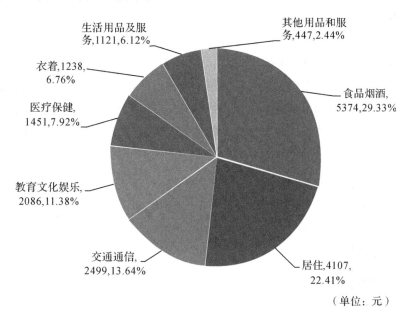

（单位：元）

图 8-6　2017 年中国居民人均消费支出及其构成

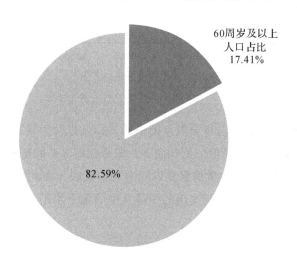

图 8-7　2017 年末中国人口老龄化程度

饼图使用中应注意:(1)饼图的细分项不宜过多,一般不超过 8 项。当细分项增加时,建议将图例内容直接与图形相结合,同时,将指标数值最大的部分放在醒目位置,即 12 点顺时针方向可使读者提取图形信息更快速准确。(2)避免制作三维饼图,或是将饼图拉得过开,图形复杂程度越高,获取信息的难度越大。(3)当各细分项的指标数值相差不大时,应尽可能少地使用饼图(因人眼对面积大小的比较并不敏感),或是在对多个总体进行细分项的占比比较时,不建议同时使用多个饼图,此时使用柱状图或百分比堆积柱状图同样能胜任,且远清晰于饼图。当且仅当,需强调反映某一分项占总体比重时,饼图具有较好的视觉传达效果。

四、散点图

以上基本统计图形涉及的都是单一指标变化或对比的展示,当需要研究判断两个变量之间的关联或分布趋势时,需借助同时描出两个变量信息的多个坐标点的散点图进行分析。

与柱状图类似,散点图也有横纵坐标;不同的是,柱状图横坐标代表的数据类型可以是定性数据或定量数据,但散点图横坐标展示的数据至少应是可比较的定序数据及定量数据。如图 8-8 所示。

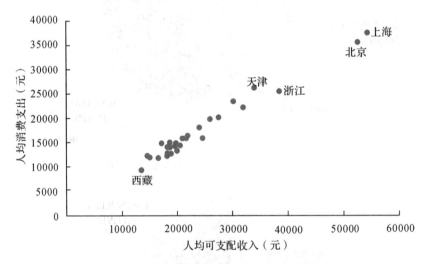

图 8-8 2016 年地区居民收入与消费水平对比

气泡图是散点图的演变,通过将原散点图中的坐标点进阶为具有不同面积大小的气泡,则可通过气泡大小反映第三变量值。例如图 8-9 即是在图 8-8 的基础上,添加了各省(自治区、直辖市)2016 年末常住人口数量信息并以气泡大小反映。由此可以观察到,从省级行政区角度看,我国多数人口处于收入与支出的中等及中等偏下水平。

五、雷达图

雷达图适用于多维数据(一般四维以上)的比较,要求每个维度的数据都必须可以排序。为更直观读取雷达图中的信息,还要求每个维度的数据都具有正向意义,即数值越大,说明表现越好,由此可直接通过雷达图中图形面积进行直接比较。如图 8-10 所示。

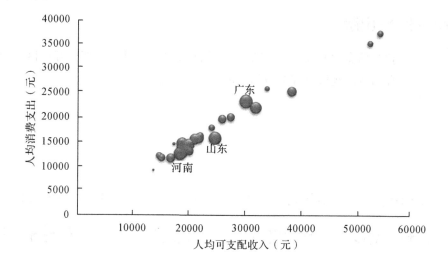

图 8-9　带有人口信息的 2016 年末地区居民收入与消费水平对比

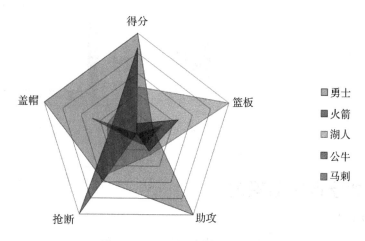

图 8-10　NBA 主要球队数据比较

　　在实际应用中，应充分理解想展示的数据关系，根据统计图形的适用范围和特点选择最适合的。当存在多种数据关系需要比较的情况，可将对应的统计图形综合运用。但统计图形并非越复杂越好，复杂的统计图在图形、颜色或标记方面会大大增加获取信息的难度。相反，统计图形越简洁，越容易被读者直观、正确且快速地理解，高效传达数据信息。

习题

浙江大学出版社
ZHEJIANG UNIVERSITY PRESS

互联网+教育+出版

立方书

教育信息化趋势下，课堂教学的创新催生教材的创新，互联网+教育的融合创新，教材呈现全新的表现形式——教材即课堂。

 轻松备课　　 分享资源　　 发送通知　　 作业评测　　 互动讨论

"一本书"带来"一个课堂"　教学改革从"扫一扫"开始

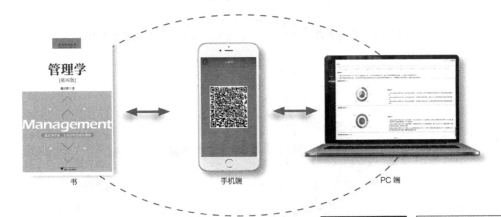

书　　　　　　　　　手机端　　　　　　　　　PC端

打造中国大学课堂新模式

【创新的教学体验】

开课教师可免费申请"立方书"开课，利用本书配套的资源及自己上传的资源进行教学。

【方便的班级管理】

教师可以轻松创建、管理自己的课堂，后台控制简便，可视化操作，一体化管理。

【完善的教学功能】

课程模块、资源内容随心排列，备课、开课，管理学生、发送通知、分享资源、布置和批改作业、组织讨论答疑、开展教学互动。

扫一扫 下载APP

教师开课流程

➡ 在APP内扫描封面二维码，申请资源

➡ 开通教师权限，登录网站

➡ 创建课堂，生成课堂二维码

➡ 学生扫码加入课堂，轻松上课

网站地址：www.lifangshu.com
技术支持：lifangshu2015@126.com；电话：0571-88273329